LE CHATEAU
DES PYRÉNÉES

PAR

M. FRÉDÉRIC SOULIÉ.

IV

PARIS,
AU COMPTOIR DES IMPRIMEURS-UNIS,
QUAI MALAQUAIS, 15.
—
1843.

LE CHATEAU

DES PYRÉNÉES

Ce roman ne pourra être reproduit qu'avec l'autorisation de l'éditeur.

LE CHATEAU

DES PYRÉNÉES

PAR

M. FRÉDÉRIC SOULIÉ.

IV

PARIS,
AU COMPTOIR DES IMPRIMEURS-UNIS,
QUAI MALAQUAIS, 15.
—
1843

L'apparition du muletier devait être pour Barati un sujet d'alarmes d'autant plus vives que le jeune avocat ne pouvait savoir jusqu'à quel point cet homme était initié dans les secrets de sa vie. Du reste, par le peu qu'il en avait révélé, par la liberté singulière avec laquelle il s'était exprimé la veille, par l'assurance avec laquelle il se présentait, Barati devait craindre qu'il ne dévoilât ses relations avec la princesse de Puzzano, car cet homme montrait suffisamment qu'il ne reculait devant rien.

A ce moment, Barati éprouva un vif regret de n'avoir pas cédé aux menaces qui lui avaient été faites chez lui, mais à ce moment aussi l'obstination de son caractère prit le dessus, et il se dit que puisque la lutte était engagée, il devait la soutenir jusqu'au bout.

Le président de Lostanges avait été aussi

surpris et plus irrité qu'aucune autre personne de l'arrivée de cet inconnu au milieu d'une affaire si particulière, et si ce n'eût été l'étonnement que lui causa l'aspect du contrat disparu entre les mains de cet inconnu, il est probable que celui-ci n'eût pas eu le temps de prendre les précautions qui lui permirent de faire ce qu'il fit.

En effet, dès qu'il eut paru sur la porte du salon, il la referma soigneusement derrière lui, en poussa les verroux de manière à ce qu'on ne pût pas l'ouvrir en dehors, et s'y adossa, les bras croisés et attendant qu'on l'interrogeât.

— Qui êtes-vous et que voulez-vous? lui dit le président.

— Je suis celui que vous cherchez, répartit Giacomo, celui que votre fille attend et celui que maître Barati se repentira tout à l'heure d'avoir voulu sauver.

Cette réponse n'était pas assez claire pour que M. de Lostanges et sa fille pussent la comprendre ; mais elle fut comme un éclair de lumière pour Barati, et il pensa sur le champ que celui qui s'annonçait ainsi devait être le prince de Puzzano. Son premier mouvement fut pour la vengeance, et il fut sur le point de dire tout haut le nom du proscrit : mais quelle que fût sa rage, Barati s'arrêta devant le regard ironique et provocateur que lui lança Giacomo ; il ne lui entra point dans la pensée que cet homme se fût si imprudemment jeté dans un danger si imminent sans avoir un moyen assuré de s'en tirer, et surtout un moyen de punir ceux qui voudraient le livrer. Barati garda le silence et attendit les suites de cette audacieuse tentative pour prendre un parti. Cependant M. de Lostanges reprit :

— Cela ne me dit pas qui vous êtes et de quel droit vous vous introduisez avec cette violence dans ma maison.

— Il ne tenait qu'à maître Barati que je n'y entrasse pas, répartit Giacomo; il n'avait qu'à ne pas y venir lui-même.

— Maître Barati eût manqué à tous les devoirs d'un homme d'honneur en n'y venant pas, répartit le président.

— Et il a manqué à tous les devoirs d'un homme de bon conseil et d'un avocat dévoué... à ceux qui le paient bien, en y venant.

— Je ne connais pas cet homme! s'écria Barati.

— Mais qui êtes-vous enfin? reprit le président. C'est assez d'insolence, et si j'appelle mes gens...

— Vos gens ne viendront pas, dit Giacomo en tirant sa longue rapière, et vous aurez la bonté de m'écouter patiemment. Rassurez-vous, madame, ajouta-t-il en s'adressant à madame de Lostanges, et vous aussi, ma belle demoiselle, plus belle que je n'aurais pu croire. Je n'ai envie d'exercer ici aucune violence ; mais puisque maître Barati n'a pas voulu suivre le conseil qui lui a été donné hier et rester dans sa maison, il faut que je vienne le consulter ici même sur une affaire d'un grand intérêt pour lui.

— Ce n'est pas le moment, monsieur, dit Barati, et...

— Vous savez mieux que personne, reprit Giacomo en interrompant Barati, que je ne suis pas le maître de disposer de mon temps comme vous-même, et, pour un avocat qui doit tenir à une clientèle qui le récompense si généreusement, vous eussiez pu y mettre plus de complaisance que vous n'avez fait.

— Assez, monsieur! s'écria Barati. Si monsieur de Lostanges veut bien le permettre, je suis à vous. Rendéz ce contrat, mademoiselle de Lostanges va le signer, et après cela je ne vous refuserai ni mon temps ni mes conseils.

La manière dont Barati prononça ces dernières paroles avait un accent de provocation qui disait assez quel sens elles devaient avoir pour celui à qui elles s'adressaient; mais Giacomo ne fit qu'en rire et répartit :

— C'est précisément ce contrat de mariage

qu'il me faut, maître Barati, et si vous aviez daigné m'attendre ce matin, je vous aurais dit pourquoi. Mais enfin, puisque vous ne l'avez pas jugé convenable, je vais vous l'expliquer. Ne vous impatientez pas, monsieur le président, ce ne sera pas très long et peut-être à votre tour me saurez-vous quelque gré de l'interruption que j'ai été forcé de jeter dans cette cérémonie.

— Parlez, parlez donc, reprit M. de Lostanges.

Sans aucun doute, le président n'eût point souffert plus long-temps la présence de cet inconnu dans sa maison, et, au risque de ce qui pouvait arriver, il eût appelé ses gens

Mais la pâleur de Barati, son trouble qui se montrait sous l'air de menace avec lequel il regardait cet inconnu, la joie de sa fille, tout cela lui semblait prouver qu'il y avait dans cette intervention un motif que son honneur de père de famille lui faisait un devoir de connaître.

— Je vous remercie, monsieur le président, dit Giacomo; l'affaire est grave, pressante, vous allez en juger, et je parie que monsieur Barati comprendra encore mieux que vous qu'il est de son intérêt et de son devoir de de m'aider à ce qu'elle soit conclue aujourd'hui au plus tard. Il comprendra aussi pourquoi ce contrat si admirablement rédigé nous est nécessaire, car il en faut un pareil pour l'autre affaire dont il est question.

— Il s'agit donc d'un mariage? dit M. de Lostanges.

— Oui vraiment, dit Giacomo en regardant Barati de façon à ce que tout le monde conçût en même temps le soupçon que l'avocat était engagé par quelques liens secrets. Oui vraiment, et j'espère que maître Barati comprendra aussi combien nous est nécessaire le présent contrat de mariage, car il n'y aura que des noms à changer et la position des parties à retourner.

Ces paroles équivoques jetèrent tout le

monde dans un profond étonnement. Barati comme les autres en cherchait le véritable sens avec une curiosité inquiète. L'air d'intelligence avec lequel Giacomo lui adressait ces paroles semblait cacher un avertissement qui n'avait rien de malveillant.

— Expliquez-vous enfin, lui dit Barati.

— Voici de quoi il s'agit, reprit Giacomo. Il y a de par le monde une jeune fille de grand nom et de grande naissance, qui a reçu pendant l'absence de son frère les visites d'un jeune homme. Quoique ces visites aient eu lieu en présence de la mère de la jeune personne, elles ont paru au frère, qui est de retour depuis deux jours seulement, assez compromettantes pour qu'il exige un mariage.

Barati ouvrait de grands yeux, tous les assistans le considérèrent avec étonnement; mais M. de Lostanges reprit avec une certaine vivacité :

— Quoi que puisse me faire supposer une pareille insinuation, je ne vois pas en quoi ce contrat de mariage peut vous être utile.

— Ne vous ai-je pas dit, répartit Giacomo d'un air ironique, qu'il suffisait de changer les noms et de retourner la position ?

— Mais encore, s'écria Barati, de quelle position entendez-vous parler ?

—Dans le contrat à intervenir entre la jeune fille en question et le jeune homme, ce n'est plus le prétendu qui a quelques cent mille livres : c'est la fiancée qui possède des millions ; mais, par une circonstance bizarre, il est nécessaire que le jeune homme soit avantagé aux dépens de la jeune fille, comme mademoiselle de Lostanges l'était dans ce contrat aux dépens de maître Barati. On ne saurait avoir un meilleur modèle pour un pareil contrat, attendu que le notaire du village où il doit se passer est loin d'avoir l'habileté de celui de Toulouse, et voilà pourquoi je suis venu le chercher...

Déjà depuis quelques momens l'idée d'un mariage possible entre lui et mademoiselle de Puzzano s'était présentée à Barati. N'avait-il pas en effet rendu des visites à Léonore devant sa mère et en l'absence de son frère? Cette jeune fille n'avait-elle pas pu s'éprendre pour lui d'une passion qui ne s'était déclarée qu'au moment où elle en avait vu l'objet prêt à lui échapper par un autre mariage? La nécessité où elle était de placer entre les mains de son mari une immense fortune dont elle ne pouvait justifier l'origine (car le souvenir du galion revenait à la mémoire de Barati), tout cela ne désignait-il pas mademoiselle de Puzzano comme la jeune fille dont parlait cet étrange personnage? et l'opposition qu'il mettait au mariage de mademoiselle de Lostanges et de Barati ne désignait-elle pas celui-ci comme l'homme appelé à cette alliance illustre et magnifique?

En un moment, les millions de mademoiselle Puzzano, les colliers de diamans, le galion dansèrent devant les yeux de Barati comme autant de fantômes éblouissans; il jeta autour de lui un regard éperdu, tandis que tout le monde le considérait avec une stupéfaction que faisait naître l'expression d'incertitude qui avait remplacé sur son visage la résolution sombre qu'il montrait au commencement de cette scène.

Giacomo, qui le vit à demi vaincu, reprit de cette même voix ironique dont il avait parlé :

— Nous ne pouvons nous passer de maître Barati pour un acte si important, et je suis venu le prier de me suivre. On ne stipule pas deux millions de dot en faveur d'un fiancé sans précautions... Il nous faut maître Barati...

— Que repondez-vous à cela, Monsieur? s'écria M. de Lostanges, indigné du silence de l'avocat.

— En vérité, reprit Barati en balbutiant, je ne savais pas... je ne pouvais prévoir...

Un appel à l'honneur et à la probité de Barati l'eussent peut-être ramené encore ; mais l'indignation du président détermina la chute que le vertige et la fascination que subissait l'avocat n'avaient pas encore entraînée.

— Assez, monsieur, assez! s'écria M. de Lostanges... Allez accomplir votre alliance avec quelque fille perdue que vous aviez abandonnée, mais à qui vous retournez à prix d'or... Sortez de ma maison... sortez!...

Barati, ainsi interpellé, se redressa devant cette injure et répartit :

— Celle dont vous parlez est digne des respects de l'univers...

— Venez donc, lui dit Giacomo en l'entraînant vivement...

Ils sortirent tous deux de la maison de M. de Lostanges au milieu de la confusion générale qu'avait excitée cette scène. Giacomo jeta un regard triomphant sur Armande, mais il remarqua qu'elle paraissait peu satisfaite.

En effet, elle s'était trouvée abandonnée avec une extrême facilité, et si on eût été jusqu'au fond de son cœur, on eût reconnu que Barati, choisi, préféré, par une prétendue comme celle dont on avait parlé, ne lui semblait plus si désagréable; et puis celui dont elle ne voulait pas paraissait gagner au change, et cela fait toujours un peu de peine à tout le monde, que les gens qu'on chasse trouvent mieux que ce qu'on leur fait perdre. Tout cela troubla tellement la joie de mademoiselle de Lostanges, qu'elle fut très franche dans l'indignation qu'elle montra de la conduite de Barati et dans les larmes qu'elle versa de l'humiliation qu'elle venait d'éprouver.

Pendant ce temps, Barati suivait Giacomo comme un homme pris de vertige et dont la raison ne le guide plus.

Arrivé à la porte extérieure, il y trouva un cheval tout prêt :

— Et maintenant, lui dit notre aventurier, à Mirepoix, il faut que vous y soyez ce soir.

La désignation du lieu de la résidence de la princesse de Puzzano ne faisait que confirmer Barati dans l'étrange espoir qu'il avait conçu;

cependant il s'écria en arrêtant cet inconnu qui l'avait ainsi fasciné :

— Mais qui êtes-vous donc?

— Giacomo Spaffa, prince de Puzzano, répondit celui-ci.

Barati le considéra un moment avec terreur, tout lui parut s'éclairer d'une manière soudaine, et il lui dit :

— Ne venez-vous point avec moi?

— Je serai chez ma mère quand vous arriverez... mais j'ai quelques affaires à régler encore.

Barati s'éloigna rapidement, et Giacomo se mit à rire tout seul en disant :

« La plaisanterie est bonne ; mais du diable si je m'étais senti le courage de la continuer pendant huit lieues ; nous la dénouerons cette nuit. »

Il était resté sur la porte de l'hôtel et il se tourna vers la fenêtre en murmurant encore :

« Cette enfant est belle comme un ange, il faut que je la revoie aujourd'hui même. »

Le parti une fois pris, il s'enveloppa du long manteau espagnol qui lui couvrait les épaules et il gagna la rue déserte où s'ouvrait le jardin de M. de Lostanges. La porte était fermée.

« Au diable ! se dit-il ; le service que je viens de rendre à cette jeune fille valait bien un remercîment, et si elle avait eu la moindre intelligence, elle eût bien compris que je reviendrais ici. »

Il n'avait pas achevé cette phrase qu'il entendit tousser derrière la porte. Giacomo ôta silencieusement son chapeau, leva les yeux au ciel et jeta aux nuages ces paroles prononcées d'un air contrit :

— O femmes ! en quelque pays qu'on vous choisisse, dans quelque rang que vous soyez, vous êtes et vous serez toujours la portion de l'humanité la plus rusée et la plus amoureuse des intrigues.

Ceci dit, Giacomo frappa. On ouvrit.

— Vous n'êtes pas contente de moi, dit-il à Armande en l'apercevant.

— Ne m'avez-vous pas tenu votre promesse? répondit-elle d'un ton pincé.

— Pas encore, car vous ne me croyez pas assez maladroit pour donner à ce robin un bonheur presque égal à celui que vous lui avez refusé.

— Que voulez-vous dire? s'écria Armande avec un vif accent de joie.

— Après-demain, à minuit, je serai à cette porte et je vous l'expliquerai.

— Mais je ne sais si je puis... fit Armande en rougissant... car enfin je ne sais qui vous êtes...

— Qui je suis? dit Giacomo : un homme qui pour vous sauver un ennui a risqué sa tête, qui la risquera encore pour vous revoir, ne fût-ce qu'une fois.

— Vous me faites peur! dit Armande.

— Peut-être, si je vous le disais, mon nom vous épouvanterait-il encore plus que mon langage.

— Mais qui êtes-vous? Parlez, pour que je sache si je puis...

Elle s'arrêta, rougit, et reprit en baissant les yeux :

— Qui êtes-vous?

— Un homme que vous pouvez envoyer à l'échafaud en disant à votre père qu'il doit venir ici après-demain...

— Votre nom! enfin...

— Je m'appelle Giacomo Spalfa, prince de Puzzano!

Armande poussa un cri et Giacomo referma la porte.

« Si celle-là, se dit-il en s'éloignant, ne passe pas par la fenêtre plutôt que de ne pas venir au rendez-vous que lui a donné le corsaire, le sorcier Puzzano, si elle n'endort pas père et mère pour entendre et revoir cet abominable bandit, je ne me connais pas en femmes, et je doute à l'avenir de la curiosité et de la faiblesse de toutes. »

Le moment d'après, Giacomo était chez Vergnes, y changeait de vêtemens et prenait la route de Mirepoix.

Nous avons laissé Barati s'en allant à Mirepoix et Giacomo l'y suivant après avoir donné à Armande un rendez-vous pour le surlendemain; nous les accompagnerons dans ce rapide voyage, qui, pour tous les deux, fut plein de réflexions et de projets.

Giacomo, du reste, ne pensa guère à ce qu'il allait faire à Mirepoix ; son plan avait été tracé d'avance, il avait exécuté la meilleure partie de son projet, et il allait exécuter l'autre, mais dans l'intervalle de ces deux actions, il ne s'en préoccupa aucunement.

C'était le propre de son esprit, d'être tout entier à l'événement présent et de n'y plus penser dès qu'il n'avait rien à faire pour en déterminer l'issue. Ce qui remplit les réflexions de Giacomo fut un dessein qu'il méditait depuis long-temps et qu'il espérait enfin pouvoir mettre à exécution.

Du reste, Giacomo avait cela de singulier que, par une prévoyance qui eût peut-être paru à d'autres une folie, il jetait à tout moment autour de lui des paroles, des présens, dont quatre-vingt-dix-neuf sur cent devaient être inutiles, mais dont un seul, pouvant lui venir en aide en un temps plus éloigné, le payait suffisamment à son sens. Nous allons en rapporter quelques uns qu'il sema ainsi sur sa route pour faire comprendre ce que nous voulons dire.

Comme il était à peine à une lieue de Toulouse, il fut arrêté sur la route par les cris de désolation d'un mendiant qui se lamentait sur ce qu'il avait perdu son chien et sur ce qu'il ne pouvait plus se conduire, parce qu'il était aveugle. C'était un homme de haute taille, jeune encore, et qui, sans cette cruelle infirmité, eût pu certainement gagner sa vie par le travail. Un autre que Giacomo eût passé sans faire attention aux cris du mendiant ou se fût contenté de lui donner quelques sous ; Giacomo suspendit sa marche, et, ayant observé un moment l'aveugle, il l'appela. Le pauvre diable se dirigea comme il put du côté de la voix qu'il entendait, et Giacomo lui dit :

— Écoute, l'ami, j'ai fait vœu à saint Jacques de Compostelle, où j'ai fait un pélerinage pour obtenir la guérison d'une maladie de la vue, j'ai fait vœu, dis-je, de donner un louis d'or à tout aveugle que je rencontrerais sur ma route. Tends la main, que j'accomplisse ce vœu.

L'aveugle obéit et Giacomo y mit gravement un sou.

La cécité de l'aveugle ne tint pas contre ce désappointement après avoir espéré un noble louis, et il jeta le sou à terre en s'écriant :

— Que saint Jacques de Compostelle vous rende aveugle et sourd, mauvais chrétien qui manquez ainsi à votre vœu !

Giacomo se prit à rire et répartit :

— Je t'ai fait un plus beau présent que de te

donner un louis, drôle, puisque je t'ai rendu la vue. Mais écoute-moi bien : si demain ou dans vingt ans un homme quelconque t'aborde en te disant : *Viens en aide au cavalier noir*, prête-lui main-forte, ou bien l'infirmité que tu joues en ce moment deviendrait réelle à l'instant où tu refuserais. N'oublie jamais ni ce jour, ni cette heure, et pour que tu t'en souviennes, voici trois louis tout neufs.

Jamais homme clairvoyant n'attacha sur un autre des regards plus étonnés que le mendiant sur Giacomo. Il prit les trois louis pendant que le cavalier lui disait :

— Quel est ton nom ?

— François Gali.

— Eh bien, François Gali, souviens-toi bien que tu as rencontré aujourd'hui l'homme qui fera ta fortune.

Giacomo s'éloigna à ce moment au galop de son cheval, et l'on doit aisément comprendre qu'une pareille aventure dut demeurer gravée dans la mémoire du mendiant. A quoi cela pouvait-il servir à Giacomo? il n'en savait rien; mais, dans la vie aventureuse qu'il menait, c'était pour ainsi dire autant de points d'appui, de refuges, de chances de salut qu'il se préparait.

Ce qui donnait à cette façon d'agir une certaine probabilité de lui être utile, c'est que Giacomo se rappelait avec une exactitude inouïe les mots qu'il avait prononcés dans ces rencontres, le jour et de l'heure elles avaient eu lieu, et le visage des individus avec qui il avait eu affaire.

Dans le court trajet qu'il fit de Toulouse à Mirepoix, il saisit toute occasion qui se présenta de laisser de lui soit dans une auberge, soit dans quelque ferme, un souvenir rapide et mystérieux de son passage ; nous n'avons aucune intention de les rapporter tous, mais nous devons en raconter un, parce que celui qu'il concerne a trouvé place dans cette histoire.

Comme il parcourait une route assez mauvaise qui conduisait d'Auterive à Sainte-Gabelle, Giacomo rencontra une assemblée de gens en habits de fête : c'étaient quelques personnes de bonne maison, suivies de nombreux paysans, et qui tous paraissaient fort joyeux. Au milieu d'eux était une grande et belle femme donnant le sein à un enfant paré de langes assez riches, ce qui montra à Giacomo que tout ce monde allait à un baptême ou en venait. Il se rangea d'un côté de la route, de manière à se trouver à la droite de ce petit cortége, en se découvrant la tête. L'une des personnes qui marchait les premières s'arrêta, le salua de même et lui dit :

— Je vous remercie, monsieur, de votre attention, car je vois à la manière dont vous vous êtes rangé que vous savez comme nous que c'est un funeste présage pour un enfant qu'on vient de baptiser que la rencontre d'un homme sur un cheval noir, à gauche de la route qu'il parcourt.

— Non seulement, monsieur, je ne veux point que ma rencontre puisse être d'un fâcheux augure, répartit Giacomo, mais j'espère que ce sera pour lui un bonheur... A qui appartient-il, monsieur?

— C'est le fils de M. d'Auterive, et voilà son oncle et parrain, M. le baron de la Roque.

— Qui ne croit pas aux mauvais présages, dit celui-ci en s'avançant et en parlant d'un ton assez cavalier.

— Mais qui croira peut-être à la bonne volonté du voyageur pour cet enfant, lorsqu'il lui fera cette promesse au nom de ses amis des Cévennes, répartit Giacomo, l'esprit toujours présent à la moindre parole qui excitait en lui un souvenir.

L'étonnement qui se montra sur le visage du jeune baron (il était jeune alors) fit regarder Giacomo avec une singulière curiosité, et ce qu'il fit et ce qu'il dit ensuite dut assurément contribuer à le faire considérer comme fort extraordinaire.

Giacomo descendit de cheval, s'approcha de la nourrice et lui dit, en lui présentant une petite médaille d'or suspendue à un cordon de soie :

— Attache au cou de ton nourrisson cette précieuse relique. C'est une des pièces de monnaie du trésor que Raymond V trouva à Antioche et dont il fit déposer une grande quantité sur le Saint-Sépulcre pour qu'elles fussent distribuées comme des objets sacrés à ceux de ses vassaux qui l'avaient suivi. Celui qui la porte sans cesse sur lui est sûr de réussir dans toutes les choses qu'il entreprendra.

Tous les assistans se signèrent à cette déclaration, et Giacomo continua en baissant la voix de façon à n'être entendu que de la nourrice : « Quant à toi, femme, tu enseigneras à cet enfant, dès qu'il pourra parler, la maxime qui est écrite sur cette pièce d'or en caractères sacrés. Cette maxime est que « le silence est d'or et la parole d'argent. » Observe-la toi-même, cette précieuse maxime, et sois sûre que le jour où tu l'entendras prononcer à tes côtés, la fortune sera près de toi. »

Dès qu'il eut fini cette recommandation, qu'il accompagna de quelques louis, Giacomo s'éloigna en criant au baron de la Roque :

— Le septième jour à partir de celui-ci sera heureux pour qui ne craint pas d'aller voir les exilés.

Cet incident, comme celui que nous venons de raconter, était de nature à frapper vivement les esprits dans un pays et à une époque qui étaient bien loin d'être dégagés d'idées superstitieuses, et où, tout au contraire, ceux qui affectaient de les mépriser, comme le baron de la Roque, étaient considérés comme des gens manquant de religion.

Si nos lecteurs trouvent extraordinaire que ces deux rencontres aient eu un résultat quelconque, il ne faut pas qu'ils oublient ce que nous avons déjà dit, que Giacomo ne manquait pas une occasion de jeter ainsi, et à tous momens, et en tous lieux, des pierres d'attente sur lesquelles il pût édifier plus tard quelque combinaison, et que si la plupart lui étaient inutiles, quelques unes finissaient par lui servir ; comme il arrive que sur mille rêves qu'on fait, il suffit qu'un seul s'accomplisse par hasard pour donner aux visions du sommeil la foi en un pronostic surnaturel.

Voilà comment Giacomo employait son temps durant la route qu'il suivait pour se rendre à Mirepoix. Cette route, il l'avait rendue beaucoup plus courte en passant par Sainte-Gabelle et en évitant Saverdun et Pamiers, qui se trouvaient sur le chemin ordinaire et où il eût pu rencontrer Barati. D'ailleurs, Giacomo était peu soucieux de ménager le cheval qu'il montait, et malgré ses temps d'arrêt et quoiqu'il eût quitté Toulouse après l'avocat, il arriva avant lui à Mirepoix.

Quant à Barati, personne ne put le distraire de la pensée de ce qui venait de se passer chez M. de Lostanges et de ce qui allait sans doute avoir lieu chez la princesse de Puzzano.

La réflexion lui montra d'abord l'indignité de sa conduite et peut-être aussi son imprudence, et il se peut faire que, s'il eût été le maître de retourner sur ses pas, il eût préféré l'union qu'il avait si légèremeut abandonnée à celle qui lui avait été si soudainement et si mystérieusement offerte; mais la rupture avait été formelle, éclatante, publique, et il n'avait plus qu'à mener à bonne fin la nouvelle entreprise où il s'était engagé.

Une fois dans cette pensée, il réfléchit à l'avenir qui se présentait à lui et il se le fit si pompeux, si magnifique, qu'il arriva à Mirepoix dans une sorte d'ivresse dont il devait se réveiller d'une manière bien cruelle.

A l'époque dont nous parlons, la petite ville de Mirepoix était à la fois la résidence d'un évêque et celle des ducs de Lévi, marquis de Mirepoix, maréchaux de la foi, compris parmi les plus riches propriétaires de la noblesse française. Mirepoix possédait aussi un chapitre richement doté et un couvent fort opulent de pénitens connus sous le nom de Bleus; de façon qu'il y respirait un air d'aisance, de richesse et de vie que cette ville a perdu. (Il serait curieux de savoir si la présence d'une société aristocratique et monastique si nombreuse n'a pas singulièrement influé sur la supériorité des cuisiniers que cette ville envoie à l'Europe civilisée et mangeante. Baleine était un Mirapiscien, et Morel, qui a établi cette immense cuisine connue sous le nom de taverne des Deux-Mondes, est aussi un enfant de Mirepoix.)

Quoi qu'il en soit, à cette époque, c'était une

admirable petite ville toute pleine de paresse,
de bonne cuisine, d'intrigues amoureuses et
de luxe. Barati, arrivé sur la fin du jour, rencontra de par les rues des troupes de jeunes
filles chantant de joyeuses chansons auxquelles
répondaient les chants des jeunes gens qui les
suivaient en leur adressant mille propos galans. Sur le seuil ouvert de la plupart des
maisons, les grands parens étaient assis prenant le frais du soir, caquetant, riant, tournant de temps à autre la tête du côté de l'intérieur pour demander si le souper était prêt,
et humant par avance le doux parfum d'un
rôti à la sauce à l'orange ou d'un ragoût fortement épicé.

Cet aspect joyeux ravit Barati; il y avait

dans tout ce qui l'entourait un mouvement joyeux ; dans l'air où il marchait la suave émanation d'une vie heureuse et le gazouillement de mille voix pleines de gaîté. Il lui sembla que tout cela était pour lui un présage de bonheur ; il ne lui paraissait pas possible qu'un désappointement quelconque pût atteindre personne dans un endroit si favorisé du ciel, et il demanda en passant, du ton d'un homme qui va à un plaisir, si on pouvait lui enseigner la maison de la princesse de Puzzano.

La personne à qui il s'adressa était un chanoine à la mine fleurie et charnue, mais au nom de la princesse de Puzzano, il prit tout à coup un air mécontent et répartit :

— Elle demeure où doit demeurer une pareille femme, car il était naturel que la mère d'un sorcier allât se loger dans la maison d'un hérétique.

— A qui que ce soit qu'appartienne cette maison, dit Barati, je vous prie de me l'indiquer, car il faut que ce soir je voie la princesse de Puzzano.

Eh bien ! lui dit le chanoine, retournez sur vos pas, et en face du couvent que vous trouverez à votre droite, vous verrez une large porte à deux battans ayant pour marteau une griffe de diable tenant une pomme. C'est là qu'est la maison qui appartient à ce fils de l'enfer qu'on nomme Bayle, et c'est là qu'a été demeurer la princesse de Puzzano.

Barati suivit le chemin qui lui avait été indiqué, mais il ne put s'empêcher de remarquer le singulier concours de circonstances qui, en toute occasion, jetait une sorte d'aliment aux préventions qu'on avait contre la famille de Puzzano.

Probablement cette maison avait mieux convenu qu'une autre à la princesse; peut-être était-elle la seule qui fût libre, mais on ne lui en faisait pas moins, comme on vient de le voir, un reproche de l'avoir choisie.

Barati, arrivé à l'endroit qui lui avait été désigné, reconnut la maison et frappa. La porte s'ouvrit silencieusement et se referma de même. Un domestique le précéda et le conduisit à travers un long corridor, jusque dans un salon situé au rez-de-chaussée, ouvrant probablement sur le jardin, mais dont toutes les fenêtres étaient soigneusement fermées.

Lorsqu'il entra, il vit autour d'une table sur laquelle brûlaient des bougies de cire verte, la princesse de Puzzano, sa fille Léonore, alors à peine âgée de quinze ans, mais promettant déjà cette beauté majestueuse qu'elle devait garder assez long-temps pour que l'enfant qui venait de naître et que Giacomo avait rencontré sur la route dût un jour en devenir très amoureux. Un homme en habit noir était aussi devant cette table, et Barati jugea que c'était le notaire. Un gentilhomme inconnu à Barati était dans un coin du salon, causant avec Giacomo, qui avait gardé son costume de voyage, et ce qui étonna beaucoup l'avocat, ce fut la présence du duc de N..., paré comme pour une fête.

Cependant rien ne pouvait alarmer encore Barati, quoique la présence du duc lui fût désagréable en ce moment.

A peine eut-il mis le pied dans le salon, que Giacomo alla vers lui, le prit par la main et le conduisit à sa mère :

— Madame, lui dit-il, sachez gré à M. Barati

de sa présence ici, car, pour venir nous rendre le service que nous attendons de lui, il a quitté la plus importante affaire de la vie d'un homme.

— Je connais le dévoûment de maître Barati, et je le remercie du témoignage qu'il nous en donne, répondit madame de Puzzano avec une dignité si froide et si glacée, qu'elle ne parut pas à l'avocat pouvoir s'accorder avec l'accueil qu'on devait faire à un futur gendre.

Barati regarda Giacomo, dont le sang-froid ne fut point troublé, et qui le mena de même devant sa sœur en lui disant :

— Vous ne m'aviez pas fait à tort d'éloge de

maître Barati, ma sœur : vous voyez qu'il a voulu se montrer digne de la bonne opinion que vous avez de lui.

Ceci ne ressemblait pas encore beaucoup à la présentation d'un prétendu à une fiancée, et la réponse de mademoiselle de Puzzano ne brassura point arati.

— Je remercie maître Barati de son empressement, et je suis charmée de sa présence ici. Je le sais un homme de bon conseil et je suis certaine qu'il trouvera comme moi beaucoup trop de précipitation dans l'accomplissement de l'acte pour lequel il a été appelé.

En quelque sens que Barati pût interpréter

ces paroles, elles arrivaient à une conclusion déplorable pour lui. S'il les prenait comme avocat et homme de bon conseil, ce n'était donc pas lui qui était le prétendu ; s'il les prenait comme prétendu, la fiancée venait de lui dire fort clairement qu'elle n'avait nulle hâte de voir accomplir cette union.

Cependant l'accent de Léonore avait été affectueux, et, à ce moment, un véritable commencement de doute pénétra dans l'esprit de Barati : se serait-il trompé aux paroles équivoques du prince de Puzzano, et ces paroles auraient-elles été calculées d'avance de manière à le faire tomber dans un piége ridicule ? Un frisson glacial l'agita de la tête aux pieds, et il allait interroger Giacomo lorsque celui-ci lui dit :

— Veuillez nous pardonner, maître, la façon singulière dont j'agis en cette circonstance, mais vous savez mieux que personne combien chaque minute est précieuse pour l'homme dont la vie dépend d'une indiscrétion ; veuillez prendre la peine de lire ce contrat, et faites-moi le plaisir de me dire si, tel qu'il est, il remplit bien les intentions dont je vous ai parlé ce matin.

Barati prit le contrat, non pour obéir au prince, mais pour se donner, durant le temps qu'il ferait semblant de le lire, le temps de prendre une détermination. Il le parcourut d'abord en levant de temps en temps les yeux pour surprendre quelque geste, quelque signe qui pût l'avertir de ce qui ce passait. Mais on eût dit qu'il était au milieu d'une assemblée de muets immobiles. Ce ne peut être qu'un jeu, pensa-t-il, et lisant alors le contrat avec plus d'attention, il reconnut véritablement qu'il était fait tout entier au profit du mari.

Mais déjà Barati avait trouvé le moyen de savoir la vérité sans que rien pût trahir l'espérance insensée qu'il avait conçue et qui s'effaçait peu à peu à mesure qu'il lisait l'énumération des titres et de l'immense fortune de Léonore. Avait-il pu penser qu'une femme d'une si haute naissance, apparentée aux plus nobles familles de France, de l'Italie et de l'Espagne, serait sacrifiée à un homme de sa condition, quel que fût l'état où l'avait réduite la condamnation de son frère! Barati se sentait furieux contre sa propre sottise et contre celui qui l'avait si habilement exploitée, et quoiqu'il ne fût pas encore bien complétement convaincu qu'il avait été joué, il se leva d'un air calme en rejetant sur la table le contrat d'un air dédaigneux.

— Eh bien! lui dit Giacomo, qu'en pensez-vous?

— Je pense du contrat qu'il a été rédigé avec une grande prévoyance des intérêts de celui qu'il regarde, mais je pense que la mère qui le signerait manquerait à tous ses devoirs et que l'homme qui l'accepterait serait un lâche digne des derniers mépris.

L'effet que Barati attendait de ces paroles ne manqua point. Le duc quitta sa place d'un bond, et s'écria :

— Nous avez-vous amené ici ce robin pour m'insulter?

La vérité venait de se découvrir à Barati : il avait été joué, il s'était laissé prendre aux phrases équivoques de Giacomo, et celui-ci avait tenu la menace qu'il lui avait faite de rompre son mariage avec mademoiselle de Lostanges. C'était à tomber à la renverse, mais il était sur ses gardes et il ne parut pas ému le moins du monde des paroles du duc de N...

— Si mes paroles sont blessantes, monsieur le duc, lui dit-il, il ne faut pas m'en vouloir, car j'ignorais qu'elles pussent s'adresser à quelqu'un qui fût ici présent. M. le prince de Puzzano sait mieux que personne que j'ignorais que ce contrat pût vous concerner.

— Il a raison et il est un homme d'esprit, dit Giacomo; aussi, ajouta-t-il plus bas en s'approchant de Barati, me pardonnerez-vous la plaisanterie que je vous ai faite? C'était une parole donnée, et comme je jouais ma tête pour la tenir, je pouvais bien jouer votre ambition,

à laquelle d'ailleurs je promets un ample dé-
dommagement.

— Parole pour parole, monseigneur, répliqua Barati à voix basse. Je vous jure à ce moment, et je vous montrerai que je sais tenir mes sermens, que je me vengerai, fût-ce dans dix ans, fût-ce dans trente, fût-ce à l'heure de ma mort.

— Vous le pouvez à l'instant même, maître Barati, lui dit le prince, et quoique la garde de cette ville ne se compose que de six soldats, il y en a assez pour arrêter un homme seul, surtout si vous vous mettez à leur tête.

Barati répartit par un sourire de dédain et lui dit :

— Vous vous trompez, monseigneur, vous commettez en ce moment même contre votre malheureuse sœur une trop mauvaise action pour que je veuille vous en empêcher. Mais à partir d'après-demain, souvenez-vous qu'il y a au monde un homme qui a juré votre ruine et votre perte. Maintenant, si vous le permettez, l'avocat de bon conseil va remplir son office en vous signalant quelques omissions faites dans ce contrat.

— Faites donc, monsieur, lui dit le prince, que cette menace avait ému malgré sa résolution, faites, et j'espère que, puisque l'avocat est demeuré, il ne se retirera pas mécontent du salaire que mérite sa complaisance.

— J'accepte, monseigneur, lui répondit en souriant Barati ; je ne connais pas de meilleures armes que celles qu'on reçoit de son ennemi.

Giacomo ne répondit pas, mais il se dit tout bas : « J'avais mal jugé cet homme. »

Aussitôt Barati engagea avec le notaire une conversation où il montra avec quelle supériorité il connaissait déjà les affaires. Il fit garantir à Léonore des droits beaucoup plus forts que ceux qui lui avaient été reconnus ; il la mit à l'abri d'une complète spoliation et assura son avenir.

—Vous êtes bien prudent pour les intérêts de ma sœur, lui dit Giacomo en souriant

— Je donne un asile, répondit-il froidement, à celle à qui je veux enlever son premier protecteur.

— C'est donc une guerre sans merci ?

— Oui, monseigneur. Et maintenant, ajouta-t-il tout haut, vous pouvez signer ce contrat.

Léonore jeta sur Barati un regard éperdu, mais il resta immobile comme s'il ne la voyait pas. Le contrat fut signé ; Giacomo, qui avait disparu un instant, revint avec une cassette qu'il offrit à Barati.

— Ceci, lui dit-il en l'ouvrant, vous paraît-il suffisant ?

— Avec cela et une ferme volonté, répondit-il, on peut ébranler le trône de France. Adieu.

— Adieu donc! lui dit Giacomo.

— Adieu! dit encore une fois Barati.

Et il sortit de la maison.

Pour ne laisser aucune obscurité dans l'explication des faits par lesquels nous avons commencé ce récit, nous devons dire que Léonore, sans qu'aucune autre passion occupât son cœur, avait cependant une sorte d'antipathie pour le duc de N.... Quel que fût son rang, malgré l'éducation qu'il avait reçue, il y avait en lui un germe de grossièreté que le vif désir qu'il avait de voir s'accomplir ce mariage ne pouvait lui faire entièrement dissimuler et qui éloignait de lui mademoiselle de Puzzano. Cependant Léonore, pressée par sa mère et par son frère, finit par consentir, mais elle obtint comme grâce spéciale que ce mariage n'aurait son entier accomplissement qu'au bout de quelques mois, et elle demeura avec sa mère jusqu'au jour où le duc de N... eut fait agréer par le roi cette union qui pouvait compromettre son crédit et qui, par un hasard singulier, ne fit que l'accroître.

Louis XIV rêvait déjà le grand projet d'asseoir sa famille sur le trône d'Espagne ; comme nous l'avons dit, la famille des Puzzano était alliée à ce que l'Italie et l'Espagne renfermaient de plus nobles familles, et le grand roi ne fut pas fâché d'avoir parmi les nobles qui dépendaient de sa faveur un homme qui pût avoir une certaine influence dans la direction des affaires de cet état.

Quant à Giacomo, bien qu'il ne fût point d'un caractère à violenter les sentimens de sa sœur, il lui remontra cependant avec tant de persévérance et de si bonnes raisons que son alliance avec un homme du nom du duc de N... était le seul moyen de rétablir leur famille dans la position qu'elle avait perdue, que Léonore s'était laissé persuader et qu'elle finit par accepter cette union comme une nécessité, sinon comme un bonheur.

Maintenant, poursuivons notre récit et revenons à Barati. Après qu'il eut quitté Mirepoix pour regagner Toulouse, deux pensées finirent par s'arrêter et se fixer dans son esprit. La première fut de se venger de Puzzano; la seconde, de renouer son mariage avec mademoiselle de Lostanges. L'ambition de Barati considérait dans cette alliance la probabilité assez raisonnable de succéder à son beau-père, et Barati, né d'une famille obscure, mettait un prix immense à l'accomplissement de ce projet.

Giacomo, dans la position précaire où il se trouvait, eût sans doute dû renoncer au rendez-vous qu'il avait donné à mademoiselle de Lostanges; mais ce qu'il eût pu faire pour épargner Barati s'il avait connu son intention de renouer cette alliance, il ne voulut point y renoncer lorsqu'il eut entendu les menaces du jeune avocat.

La seule précaution qu'il prit fut d'engager sa mère à faire disparaître tout ce qui pourrait attester sa propre existence. Quant à la cassette qu'il avait remise la veille à Barati, elle eût pu être fort dangereuse si elle avait été découverte chez la princesse, et Giacomo, en la donnant au jeune avocat, le mettait à sa place dans un véritable danger.

En outre, Giacomo recommanda surtout à sa mère de se montrer libérale envers les couvens et le chapitre de la ville qu'elle devait habiter désormais. Giacomo avait trop souvent réussi par la toute puissance de l'or pour ne pas le conseiller comme le remède universel à toutes les choses fâcheuses de ce monde, et la suite de cette histoire montrera que (malheureusement pour l'humanité) il avait raison en cela.

Giacomo ne demeura que deux jours à Mirepoix après avoir eu avec le comte de Frias, qui était l'autre gentilhomme présent à la scène que nous avons racontée, un entretien assez long. Frias demeura à Mirepoix, où il devait attendre le baron de la Roque, et Giacomo repartit pour Toulouse.

Il ne doutait point que Barati n'eût pris contre lui des mesures très sérieuses ; ce fut pour cette raison que notre aventurier se cacha sous un costume qui devait mieux qu'un autre le mettre à l'abri de l'inquisition de tous ceux qui seraient apostés pour le reconnaître. Il prit la robe sale et déguenillée d'un capucin : une barbe postiche collée à la peau, des yeux éraillés et un nez teint d'une couleur vineuse, le changèrent tellement que lorsque pour faire l'essai de son déguisement il se présenta à sa mère, celle-ci lui offrit une bourse, pour suivre le mieux qu'elle pouvait les bons avis de son fils.

Ce fut sous cet habit que Giacomo arriva à Toulouse et qu'il entra dans la ville le soir même de son rendez-vous avec la belle Armande.

Sans doute l'habit de capucin était excellent pour voyager paisiblement ; mais il était détestable pour une séduction ; ce fut pour cela qu'il se rendit chez Vergnes afin d'en changer.

La surprise de Giacomo fut extrême en entendant dans une pièce voisine de celle où il était entré la voix de Barati qui causait avec le tisserand et qui l'interrogeait sur les motifs de sa présence à la porte de l'hôtel de M. de Lostanges le jour de la signature du contrat.

Vergnes refusait de lui répondre malgré les menaces que Barati pouvait lui adresser, et prétendait s'y être trouvé par hasard. Le jeune avocat, au contraire, soutenait qu'il avait dû y être aposté par quelqu'un ; et sans nommer le prince de Puzzano, il le désignait assez bien pour que Vergnes dût le reconnaître ; mais celui-ci niait toujours, et Barati, comprenant enfin qu'il n'obtiendrait rien par la menace, commença à parler de récompenses; une fausse intonation dans la voix de Vergnes avertit Giacomo de la fragilité de celui à qui il avait besoin de se confier, il poussa la porte, et glissant la tête et la main dans l'ouverture, il dit d'une voix nazillarde (1) :

---

(1) Je donnerais beaucoup pour savoir pourquoi tous les capucins parlaient du nez.

— N'oubliez pas les fidèles serviteurs de Dieu.

— Au diable le capucin ! fit Vergnes.

— Allez-vous-en, lui dit Barati ; ces mendians sont d'une audace...

— Mon fils, répartit Giacomo, la faim chasse le loup du bois et elle me force à entrer dans cette maison malgré sa mauvaise réputation.

— Eh bien, lui dit Barati, voilà un louis ; c'est assez, je suppose, pour vous donner la force d'aller mendier ailleurs.

— Hein ? fit le capucin en considérant le louis : votre générosité ne vous coûtera pas cher; ce louis est faux.

— Faux ! s'écria Barati en le reprenant et en l'examinant sans pouvoir y rien découvrir.

— Il est faux, vous dis-je, et m'y connais, car j'ai du malheur aujourd'hui ; j'en ai déjà reçu un pareil d'un muletier qui sortait de Toulouse et dont la libéralité m'étonnait. Je suis entré en passant à l'hôtel des Monnaies pour le changer, et si ce n'eût été la sainteté de mon habit et la bonne réputation qui est acquise à ceux de notre ordre pour leurs vertus et leur sobriété, on m'arrêtait.

Si Barati ne fût demeuré très étonné de la déclaration du capucin relative à son louis, il eût remarqué sans doute le ton hypocrite dont cette phrase fut prononcée; mais il avait bien autre chose à penser.

Ainsi ce louis, il l'avait pris avec quelques autres dans la cassette qui lui avait été remise par Giacomo à Mirepoix. En conséquence, tout cet or était donc faux, c'était une nouvelle tromperie.

D'un autre côté, ce capucin ne venait-il pas de déclarer qu'un louis pareil lui avait été remis par un muletier; ce multier devait être Giacomo, qui avait repris son premier déguisement. Barati s'informa de son âge, de sa figure, et Giacomo le lui dépeignit absolument sous les traits où il s'était présenté la veille chez l'avocat.

—Et vous dites, mon père, s'écria Barati, qu'il sortait de Toulouse ?

— Oui vraiment, monté sur une assez mauvaise mule et se dirigeant du côté de Montauban.

— Ah ! s'écria Barati, je l'atteindrai, dussé-je le chercher nuit et jour.

A ces paroles, il sortit de chez Vergnes, qui regardait le capucin avec stupéfaction et qui reprit :

— Maudit capucin, de quoi vas-tu te mêler de dire à ce jeune homme la route qu'a suivie ce muletier ?

—Eh là... là, doucement, répartit Giacomo en riant de bon cœur, ne faites point tant l'indigné, maître Vergnes ; si je n'étais entré à temps, vous alliez dire à ce Barati, pour quelques faux louis, que ce muletier qui vous paie en bons et loyaux écus devait revenir chez vous un de ces jours pour y prendre son costume de major espagnol qu'il vous a laissé.

— Monseigneur, c'est donc vous! s'écria Vergnes en le regardant avec une attention pleine d'étonnement.

— C'est moi ; drôle, et voyons, tâche de me donner quelque chose de bon à manger, et prépare-moi une chambre pour que je m'habille un peu plus proprement.

Vergnes obéit, et onze heures sonnaient à peine à l'horloge voisine, que Giacomo sortit vêtu et armé comme il était quand il s'introduisit chez le président de Lostanges.

Quelques minutes avant minuit, il était à la porte du jardin de l'hôtel du président et il la poussa. Elle était ouverte. Il entra, mais il ne vit personne. Cette circonstance l'alarma. Ce pouvait être un moyen de l'attirer dans un piége, car il suffisait de fermer la porte, et quelques hommes déterminés suffiraient à s'emparer de lui.

Armande cependant ne lui paraissait pas une femme capable d'une si indigne trahison : toutefois, il demeura aux abords de la porte pour être prêt à s'esquiver si le moindre indice venait confirmer ses craintes.

Il demeura quelque temps sans rien entendre ; il attendit que minuit fût sonné, espérant que l'heure déterminerait quelque mouvement ; mais tout demeura parfaitement tranquille.

Un quart d'heure se passa encore, et Giacomo commença à croire qu'il s'était alarmé à tort; il allait s'engager dans le jardin quand il vit venir à lui une femme qui n'était pas Armande : cette femme jeta un coup d'œil curieux autour d'elle, et ne voyant personne, elle se retourna et dit à quelqu'un qui la suivait :

— J'étais bien sûre mademoiselle, qu'il ne viendrait pas, qu'il n'oserait pas venir. Nous pouvons fermer la porte.

— Pas encore, Rosine, répartit Armande d'une voix émue... Hélas ! c'est pour me sauver qu'il a risqué sa vie, et ce serait une cruelle ingratitude que de ne pas recevoir cet homme. Peut-être a-t-il quelque chose à me demander.

« Oh! se dit Giacomo, comment ai-je pu douter un moment qu'elle m'attendrait? et comme elle s'est bien gardée de dire qui j'étais; et comme elle cache même aux yeux de sa servante l'intérêt qui la pousse, en ayant l'air de croire que je puis avoir besoin d'elle, en se montrant comme prête à me payer le service que je lui ai rendu!... O femmes!... Elle est pourtant bien belle, et je l'aimerais si elle voulait... mais... »

Ces réflexions eussent entraîné peut-être Giacomo dans un long monologue d'idées, si tout à coup plusieurs voix ne se fussent fait entendre dans le jardin. On appelait Armande, qui courut du côté d'où elles venaient, tandis que Rosine allait vivement fermer la porte.

— En vérité, Armande, je ne vous comprends pas, dit M. de Lostanges; quelle manie vous prend donc de quitter ainsi tous les soirs votre chambre pour venir vous promener dans le jardin? Rentrez... Il est temps de fermer les portes de la maison... Vous savez qu'il ne manque pas de voleurs de ce côté de la ville qui auraient bientôt fait d'escalader le mur et de s'introduire dans les appartemens... etc.

Tout cela fut dit en plusieurs fois et interrompu par les excuses d'Armande, qui disait qu'elle était descendue pour respirer l'air. Enfin, le bruit des voix s'éloigna peu à peu; Giacomo entendit fermer les portes et il demeura seul dans le jardin.

Au lieu d'être désappointé de ce contre-temps, notre aventureux compagnon en fut ravi.

« A moins, se dit-il, qu'elle ne loge sur la rue, elle ouvrira la croisée de sa chambre, et nous verrons si elle ne redescendra pas quand je lui aurai fait comprendre que je suis là. »

Il s'avança alors du côté de la maison et vit en effet une fenêtre s'illuminer : c'était quelqu'un qui entrait dans la pièce que cette croisée éclairait. Mais était-ce la chambre d'Armande? C'était ce qu'il fallait savoir. Entre autres qualités de Giacomo, il fallait compter à côté de la rapidité qu'il mettait à accomplir ses résolutions la patience avec laquelle il attendait le moment d'agir.

Il demeura une heure entière appuyé contre un arbre en face de cette croisée, immobile et sans en détourner les yeux. Au bout d'une heure la lumière s'éteignit, et Giacomo commença à douter du succès de son rendez-vous; mais presque aussitôt la croisée s'ouvrit et quelqu'un s'appuya sur le balcon. La nuit ne pouvait permettre à Giacomo de distinguer qui ce pouvait être, mais il ne douta point un moment que ce ne fût Armande à l'agitation de ses mouvemens : il semblait qu'elle voulait découvrir au loin ce qui s'y passait.

Cependant Giacomo attendit encore, et bientôt il entendit murmurer doucement :

— Giacomo Spaffa!...

— Il est ici, répondit-il.

Armande ne put retenir un cri.

— Imprudent! lui dit-elle, sauvez-vous! sauvez-vous!

— Pas avant de vous avoir parlé.

— Plus bas! plus bas! La chambre de mon père ouvre sur le jardin.

— Descendez donc, je vous en supplie!

— Impossible! les portes sont fermées, et,

comme d'habitude, toutes les clés ont été remises à mon père.

— Eh bien! donc, dit Giacomo, je vais vous aller trouver...

Il s'approcha de la fenêtre; mais c'était un mur tout nu, sans treillages qui pussent l'aider à gravir, et les volets qui fermaient la fenêtre placée au-dessous de celle d'Armande n'offraient point la moindre aspérité dont on pût se servir pour s'élever vers l'étage supérieur.

— Oh! dit tout bas Armande, ne tentez pas cette folle entreprise. Vous vous blesserez.

Giacomo se dit qu'à ce moment il fallait tout perdre ou tout obtenir.

— Il faut que je vous parle ou que je meure, dit-il à Armande. Jetez-moi une corde, un ruban... quelque chose, que je monte près de vous...

— Je ne puis... jamais... dit Armande.

Elle n'avait pas fini qu'on entendit ouvrir une porte éloignée, et une voix dit :

—Cherche, Pluton, cherche !

— Vous êtes perdu, fit Armande en se retirant. On a lâché le chien de garde.

Et Giacomo entendit le bruit que devait faire un énorme chien en cherchant une trace à travers les allées du jardin. A tout risque il tira son épée; mais il s'était à peine mis en garde qu'il vit un drap blanc tomber de la fenêtre; il le saisit, et avec la légèreté d'un corsaire habitué à de plus difficiles preuves d'adresse et de légèreté, il le saisit, gravit la fenêtre, entra dans la chambre et releva le drap. En ce moment, le chien arriva au pied de la croisée en aboyant.

— Qu'y a-t-il donc? dit Armande.

— C'est moi, mademoiselle, répartit un jardinier, qui croyais avoir entendu du bruit dans le jardin.

— C'est que j'avais ouvert ma fenêtre pour prendre l'air, répondit-elle.

Un nouveau mouvement eut lieu dans la maison, Giacomo se jeta dans l'alcôve, et le vénérable président parut en robe de nuit et un bougeoir à la main.

— Vous voulez donc empêcher toute la maison de dormir ! dit-il à sa fille. Allons, couchez-vous et fermez cette croisée, et ne m'obligez pas à revenir voir si vous m'avez obéi.

Armande ferma sa croisée.

— J'ai à travailler toute la nuit, et si j'entends cette croisée se rouvrir, nous nous fâcherons, reprit M. de Lostanges.

Il sortit et Armande et Giacomo restèrent seuls.

XIV

Quelques jours étaient passés depuis celui où Giacomo s'était si hardiment introduit dans la chambre d'Armande. Durant ce temps, et malgré la discrétion que M. de Lostanges avait demandée aux personnes qui avaient assisté à la scène de la signature du contrat où le mariage de Barati et d'Armande avait été si brusquement interrompu, le bruit s'en était répandu dans la ville de Toulouse, et l'on en faisait mille contes plus invraisemblables les uns que les autres. Ce qui cependant ressortait de tous les propos tenus à ce sujet, c'est que M. de Lostanges avait reçu une offense mortelle et impardonnable.

La colère du président s'était d'abord promis une grave vengeance, surtout tant qu'il avait cru que sa fille avait été ainsi abandonnée pour une autre femme; mais lorsqu'il fut certain que Barati n'avait point contracté une nouvelle union, lorsqu'il fut connu (et Barati se chargea de l'apprendre à tout le monde) que le prétendu n'avait si brusquement quitté la maison de son futur beau-père que pour aller assister à la lecture du contrat de mariage du duc de N... et de mademoiselle de Puzzano, le blâme général qui avait poursuivi Barati changea de sujet, et sa conduite parut encore plus extraordinaire.

Quel devoir, quelle obligation, quels sermens, en effet, avaient pu lui faire tenir une pareille conduite et rompre un mariage qu'il désirait avec tant d'ardeur? et cela pourquoi? Pour rien en apparence.

C'était une énigme inexplicable, et ce fut un motif de chercher dans les antécédens de

Barati une explication à cette conduite. On commenta ses relations avec madame de Puzzano et on se demanda quel lien si puissant pouvait l'attacher à cette famille, qu'il eût été obligé d'obéir au premier avis qui lui était donné d'aller vers elle.

Cette obligation supposée, jointe à la singularité avec laquelle cet avis ou cet ordre avait été donné à l'avocat, durent faire croire à beaucoup de gens qu'il y avait entre Barati et les Puzzano quelque trame criminelle, et il fut décidé que maître Barati aurait à s'en expliquer devant une des chambres du parlement, qui, selon ses réponses, verrait à poursuivre ses recherches et du moins à infliger à maître Barati une peine disciplinaire ; car bien qu'il ne s'agit que d'une affaire de famille, la bonne ou la mauvaise conduite des membres du barreau n'en était pas moins soumise à de sévères investigations.

Barati connaissait trop bien les usages du parlement pour ne pas savoir qu'on lui demanderait des explications; aussi avait-il préparé à ce sujet un conte sur l'effet duquel il comptait grandement, et qui véritablement lui réussit tout à fait. Appelé devant la chambre qui devait l'interroger, Barati prit un air modeste et dit aussitôt :

— Je suis prêt, dit-il, à obéir aux ordres du parlement et à lui expliquer les motifs de ma conduite ; mais j'ose demander une faveur qui, du reste, ne peut tirer à conséquence, puisqu'en me l'accordant on pourra ensuite agir comme si elle ne m'avait pas été accordée. L'explication de ma conduite exige que je révèle un secret qui touche à l'honneur d'une famille considérable; ce secret, j'ai fait le serment de ne le révéler qu'à M. le premier président du parlement, dans le cas où je serais interrogé, et je ne suis autorisé à le redire en pleine séance qu'autant que M. le premier président ne se croirait pas suffisamment édifié sur le mérite de ma conduite.

J'ose donc attendre de l'indulgence de la chambre qu'elle me permettra de tenir un serment sacré, puisque si M. le président se refusait à garantir la loyauté de ce que j'ai dû faire, vous en serez instruits comme vous l'entendrez.

Cette manière de procéder désappointa singulièrement la curiosité des conseillers, mais le premier président était un homme d'une rigidité qui n'admettrait point des excuses frivoles, et c'eût été lui faire une injure que de ne pas le juger digne d'être le seul arbitre des explications de Barati.

Notre jeune avocat savait admirablement ce qu'il faisait, et il était assez sûr de la discrétion du premier président pour savoir que s'il pouvait le persuader, rien ne transpirerait du prétendu secret qu'il allait lui confier, et qu'en conséquence, personne ne pourrait en vérifier l'exactitude.

Ce que demandait Barati lui fut accordé, quoique sa déclaration eût éveillé une curiosité encore plus vive que sa conduite, et il se retira immédiatement avec le premier président, qui le fit entrer dans son cabinet. Voici quel fut le conte de Barati :

« Une nuit, dit-il, que je passais devant l'hôtel de la princesse de Puzzano, j'entendis pousser des cris à l'intérieur, et je m'arrêtai pour en savoir la cause. Je reconnus le bruit d'une lutte violente, et j'allais frapper à la porte, lorsque je vis un homme s'élancer d'une fenêtre de cet hôtel et en descendre lestement. Ma première pensée fut que c'était un voleur; et que pour accomplir son crime il avait frappé quelque femme de la maison, car j'avais reconnu la voix d'une femme demandant grâce. Je m'élançai sur cet homme pour l'arrêter; mais j'étais sans armes, et j'étais abattu et terrassé avant d'avoir reconnu que j'avais affaire à M. de N...

» Je le reconnus cependant au moment où il tirait son épée pour m'en percer, lorsqu'il fut à son tour désarmé par un homme qui l'attaqua à l'improviste. Je me relevai et le duc s'enfuit. J'allais remercier mon libérateur, lorsqu'il me demanda pourquoi j'avais été attaqué;

je lui racontai ce que j'avais vu et entendu, et je ne lui cachai pas que cet homme était le duc de N...

— Le duc de N...! répéta-t-il d'une voix sombre... Oh! j'aurais dû le deviner. Puis il ajouta :

— Je viens de vous sauver la vie et j'ai le droit d'en demander la récompense.

» Je lui offris de l'argent; il le repoussa en ajoutant encore :

— Vous ne me comprenez point; promet-moi seulement qu'à quelque heure du jour ou de la nuit que je vienne vous chercher, de quelque manière que je vous avertisse qu'il faut me suivre... vous le ferez à l'instant même.

» Je le lui promis, et cet homme exigea que je fisse ce serment sur une relique sacrée dont il était porteur.

» C'est cet homme qui vint me chercher chez M. de Lostanges, et dès qu'il me parla d'un mariage, je compris ce qu'il voulait dire. J'avais juré de le suivre, je le suivis, et en effet, lorsque j'arrivai à Mirepoix, je trouvai le duc de N... chez la princesse de Puzzano. L'inconnu m'emmena avec lui et M. le duc de N... dans une chambre séparée.

— Voici un témoin de l'outrage que vous

avez fait à ma sœur, lui dit cet homme qui se déclara alors pour être le prince de Puzzano ; vous avez voulu le nier, mais il est là pour l'attester.

— Je le reconnais, dit le duc, et j'avoue ce qui m'est reproché.

— Eh bien ! reprit le prince, il va être témoin de la réparation que vous allez faire à Léonore en l'épousant, ou il va être témoin de la vengeance que je veux tirer de vous.

» Malgré son audace, le duc accepta la proposition qui lui était faite, et j'assistai à la signature du contrat. Voilà les faits dans toute leur simplicité, dit Barati ; je demandai cependant qu'il me fût permis de les révéler pour me justifier ; le prince m'y autorisa en y mettant toutefois la restriction que j'ai dite, si l'on voulait bien l'admettre. J'ai dû le faire, car mademoiselle de Puzzano, quels que soient les crimes de son frère, est digne de tous les respects, et quelque jugement qu'on puisse porter sur le prince, je n'ai pas le droit d'oublier que je lui dois la vie. »

— Je savais, reprit le premier président, que vous aviez assisté à ce mariage, et je cherchais quel intérêt avait pu vous y appeler. Je le comprends maintenant, et loin de blâmer votre conduite, je l'approuve, et je m'en porterai garant devant tout le parlement. Vous devez être content.

— Je le suis en effet de vos bontés plus que je ne puis vous le dire, reprit Barati, mais cela ne m'en coûte pas moins mon bonheur. J'ose donc solliciter une grâce de vous, monseigneur.

— Laquelle ?

— Assurément je ne nourris pas la folle espérance de voir M. de Lostanges me pardonner après l'injure, innocente cependant, que je lui ai faite; mais si je pouvais espérer que vous eussiez la bonté de lui dire qu'il ne m'est jamais entré dans la pensée de lui manquer de respect, que je le vénère et que je l'honore comme je le dois, cette pensée me consolerait de la perte d'une alliance si au dessus de mon mérite, qu'il m'a fallu toute la sainteté d'un serment prononcé sur une relique sacrée pour le rompre sans le vouloir.

En parlant ainsi, Barati trouva quelques larmes à répandre, et le premier président, charmé de tant de modestie et de douleur, répondit gracieusement :

— Consolez-vous, maître, consolez-vous, M. de Lostanges a quelque estime et quelque amitié pour moi, et j'arrangerai tout cela si faire se peut.

Barati venait de réparer ainsi tout le mal qu'avait pu lui faire Giacomo ; il pensa au moyen de le lui rendre à son tour. Nous ne raconterons pas toutes les recherches inutiles qu'il fit pour découvrir le prince ; il se doutait bien que Vergnes devait savoir quelque chose, mais il trouva cet homme impénétrable : d'ailleurs, le jeune avocat n'osait plus aller souvent chez lui ; car, grâce à l'intervention du président, il avait repris l'espoir d'épouser mademoiselle de Lostanges, et il n'était point en position de laisser planer le moindre soupçon sur la régularité de sa conduite. Nous nous dispenserons de dire aussi la position respective d'Armande et de Giacomo, car la scène que nous avons à raconter l'expliquera suffisamment.

C'était deux mois après la scène du contrat : les mêmes préparatifs de réception avaient été faits chez le président de Lostanges ; les mêmes personnes s'y trouvaient, si ce n'est que le premier président du parlement était présent, et Barati s'y rendit de même le matin.

Armande, plus épouvantée, plus pâle que la première fois, était assise près de sa mère lorsque Barati entra. A ce moment, le président de Lostanges prit la parole :

— Je vous ai appelés tous, dit-il, pour voir achever la cérémonie qui fut interrompue il y a deux mois par le départ de M. Barati. Il ne pouvait rentrer dans ma maison que pour me donner cette réparation. Et cette réparation je ne l'eusse point acceptée si M. le premier président, qui vous le confirmera, ne m'eût affirmé qu'il n'y avait aucune cause injurieuse pour moi et ma famille dans le départ de M. Barati. Cela, toutefois, ne m'eût point encore suffi, car je veux que celui qui est destiné à entrer dans ma famille ne mérite aucun reproche.

M. le premier président m'a affirmé et vous le confirmera que maître Barati a dû quitter ma maison pour un motif d'honneur impérieux : il s'agissait d'une action digne d'éloges et qui devait sauver une jeune fille innocente. Voilà pourquoi, messieurs, j'ai consenti à conclure cette union ; voilà pourquoi je vous ai tous réunis ici.

Tout le monde fit un signe d'approbation et

complimenta Barati. Quant à Armande, elle semblait n'avoir entendu qu'un mot des paroles de son père, c'est que Barati s'était sacrifié pour sauver une jeune fille innocente, et elle murmura avec des larmes :

« Oh! c'est donc partout mensonge et tromperie! »

Cependant on pouvait voir qu'elle semblait attendre qu'une nouvelle intervention vînt l'arracher à la nécessité de contracter cette union ; mais l'heure se passa, le contrat fut lu, le contrat fut signé et, son tour venu, Armande prit la plume d'un air égaré. Elle s'approcha de la table où était demeuré Barati et recula d'abord; mais celui-ci lui dit doucement :

— Signez, mademoiselle ; je sais pardonner aux espérances trompées.

Que voulait-il dire ? Savait-il quelque chose de l'amour d'Armande et de Giacomo, ou bien ne parlait-il que de l'attente où elle était? Armande ne put s'en rendre compte, mais, poussée par un de ces mouvemes de désespoir où on s'abandonne en aveugle à sa destinée, elle signa, puis se releva comme étonnée que cet acte n'eût pas fait éclater la foudre près d'elle, et elle tomba évanouie.

L'insulte qu'elle avait reçue de Barati et

qu'elle ne pardonnait peut-être pas si aisément que son père l'avait fait, était une cause suffisante à la douleur qu'elle avait éprouvée, à la violence qu'elle s'était faite pour obéir à son père, et à l'évanouissement qui en avait été la suite. M. de Lostanges le comprit ainsi, car il dit à Barati, qui considérait Armande avec une sombre attention :

— Ne vous alarmez point, la femme pardonnera aisément au mari les torts du prétendu envers la fiancée.

Deux heures après, le mariage fut célébré dans la chapelle du Capitole, et Armande en revint avec une fermeté qui semblait prendre son origine dans une forte résolution. Le reste de la journée fut calme, et Armande parut avoir complétement oublié la douleur qui l'avait agitée le matin.

Enfin, le soir venu, elle fut conduite dans la chambre nuptiale, où Barati la suivit bientôt. Il y trouva Armande debout, le visage bouleversé et maîtrisant à grand'peine une violente émotion.

Barati s'arrêta sur le seuil de la porte, et Armande lui dit :

— Entrez, monsieur, car c'est assurément la première et c'est peut-être la dernière fois que vous franchissez le seuil de cette chambre.

Barati s'élança vers Armande et la regarda d'un air épouvanté, car il s'imagina que son désespoir avait pu la pousser à attenter à ses jours.

— Grand Dieu! s'écria-t-il d'une voix tremblante, qu'avez-vous fait et que signifie cette pâleur?

— Ecoutez-moi, monsieur, dit Armande, nous avons un terrible compte à régler ensemble.

Barati la regarda encore; elle lui fit signe de s'asseoir et prit un siége.

— Je vous ai trompé, monsieur, dit Armande, mais pour cela je ne me trouve pas indigne de vous, car vous avez menti à mon père pour m'obtenir.

— Que voulez-vous dire ? s'écria Barati.

— Ce n'est point pour sauver une jeune fille du déshonneur que vous avez suivi l'homme qui est venu vous chercher.

— Grand Dieu! fit Barati.

— C'était, monsieur, dans l'espoir de vous allier à une famille dont les richesses pouvaient assouvir, mieux que la fortune de ma famille, votre ardente soif de l'or.

— Madame, s'écria Barati, qui vous a dit de pareils mensonges ?

— Celui qui sait aussi bien que vous que ce sont des vérités.

Elle s'arrêta, et Barati, la dévorant du regard, répéta ces paroles lentement :

— Celui qui sait que ce sont des vérité. Et celui-là ?..

— C'est le prince de Puzzano, dit Armande.

— Vous le connaissez ?

— Oui, dit Armande, je le connais...

— Depuis quand? s'écria Barati.

— Depuis le jour où vous avez forcé le duc à se taire... Il était près de moi quand vous l'avez menacé d'une lettre qui pouvait le perdre.

—Et depuis ce temps?... dit Barati l'œil fixé sur Armande.

—Depuis ce temps, reprit-elle en hésitant.... depuis ce temps...

Comme elle tâchait à surmonter l'émotion qui la torturait, un bruit léger se fit entendre au pied de la fenêtre... Elle tressaillit, et regardant Barati, elle lui dit d'une voix mourante :

— Le voilà ! Il vient trop tard pour me sauver, mais il est venu assez tôt pour vous dire qu'entre vous et moi il n'y aura jamais que le nom de commun.

Elle ouvrit aussitôt la fenêtre, et Barati entendit quelqu'un gravir le mur. Sans savoir ce qu'il allait entendre et ce qu'il faisait, Barati se retira dans un coin de la chambre, et Giacomo parut avant qu'Armande eût eu le temps de lui faire un signe.

— J'ai reçu votre billet ce matin à vingt

lieues d'ici, et je suis accouru ; il n'est pas trop tard, j'espère ?

— Voyez ! lui dit Armande en lui montrant Barati.

— Quoi ! ce mariage !...

— Est conclu, dit Barati en s'avançant.

— Et vous y avez consenti, Armande ! s'écria Giacomo.

— Voilà huit jours que je vous attends, dit-elle avec une sorte d'égarement, et quand j'ai dû croire à votre abandon, j'ai pensé que je ne pouvais mieux faire que de mettre mon déshonneur à couvert sous le nom d'un homme qui sait si bien se faire donner la considération qu'il ne mérite pas plus que moi.

Un mouvement de rage inouïe agita Barati. A ces paroles, il jeta autour de lui un regard furieux comme pour chercher une arme; mais Giacomo, levant sur lui le poignard, le renversa d'une main puissante et lui dit aussitôt :

— Ecoute, Barati, si tu veux vivre, tu respecteras cette femme. Pas un mot qui puisse la compromettre, entends-tu? Elle a douté de moi, elle n'a pas eu la force de se refuser à cette union : elle en portera la peine toute sa vie ; mais n'oublie pas ceci, Barati : je te connais jusqu'au fond de ton âme sordide et ambitieuse ;

je puis à mon gré te déshonorer ou te faire périr... Je te laisserai vivre honoré... mais Armande restera sans tache aux yeux du monde. Consens-tu ?

— Aimez-vous cette femme ? dit Barati avec un singulier accent de calme et de résignation.

— Oui, je l'aimais assez pour en faire mon épouse si j'avais eu un nom à lui donner.

Barati laissa échapper un sourire cruel et répartit :

— Eh bien ! j'accepte alors, sans préjudice de la vengeance que je vous ai vouée.

— Soit ! dit Giacomo.

— Et maintenant, reprit Barati, restez si vous voulez, car, ainsi qu'elle me l'a dit, c'est la première et la dernière fois que j'aurai passé le seuil de cette porte.

— Et personne ne la franchira plus, dit Armande, ni vous ni lui.

Barati sortit et Giacomo disparut presqu'au même instant.

— Ma vie est au malheur maintenant, s'écria Armande en tombant à genoux... Mon Dieu ! donnez-moi la force de la porter.

XV

Après la scène que nous venons de raconter, après ces paroles de Barati : « c'est la
première et la dernière fois que je franchis le
seuil de cette porte, » nos lecteurs doivent fa-

cilement comprendre qu'un motif secret avait fait taire le premier ressentiment de maître Barati et qu'il attendait sa vengeance de quelque événement futur. Il faut leur apprendre aussi que, depuis cette époque, la mère de mademoiselle Armande était morte, et que madame Barati avait depuis long-temps quitté la maison de son père pour habiter celle de son mari.

Le monde, en général, s'appitoie aisément sur les malheurs qui se produisent par des événemens saisissans, par des catastrophes apparentes; mais il se refuse à croire aux désespoirs cachés sous les dehors d'une vie régulière, et s'il devine quelques douleurs sur les fronts soucieux des victimes, il aime mieux les imputer à la bizarrerie du caractère, au caprice des gens qu'à une cause réelle et raisonnable.

En effet, à voir Barati et Armande, l'un jeune, plein d'activité, ardent à l'étude et récompensé déjà par de nombreux succès, l'autre jeune aussi, belle, jouissant d'une entière liberté, accompagnée du respect de son mari, maîtresse d'une fortune qui dépassait celle de toutes les personnes de son rang, il était difficile de ne pas imaginer que leur union renfermait toutes les chances de bonheur. Mais ce que nous avons appris à nos lecteurs doit leur faire aisément concevoir qu'il ne pouvait guère se rencontrer de plus misérable existence que celle de ces deux êtres enchaînés l'un à l'autre.

Ils avaient beau arranger leur vie de manière à se rencontrer le moins possible, il était impossible qu'ils ne fussent pas trop souvent en présence, surtout lorsque, de part et d'autre, il existait une résolution forte de recouvrir cette séparation de cœur et de sentimens d'une apparence d'accord et de bonne harmonie.

Ainsi la vie de chaque jour était déjà horrible lorsqu'il fallait se voir seulement aux heures des repas, ne point se séparer pour aller dans les réunions de famille, et porter partout et toujours le calme et la sérénité de cœurs contens.

Une circonstance ajouta, au bout de quelque temps, au supplice de cette vie maudite. Barati, qui avait cherché dans des travaux extraordinaires une distraction à la pensée qui le rongeait sans cesse, tomba assez dangereusement malade.

En ces circonstances, les devoirs d'une épouse sont tracés d'avance : veiller nuit et jour sur son mari, ne laisser à d'autres mains que les siennes à lui rendre tous les soins qu'exige sa position, voilà ce que toute femme doit faire, voilà ce qu'Armande s'imposa. Mais ce qui, au milieu de son chagrin et de ses inquiétudes sur la santé de son époux, ce qui, disons-nous, est une consolation pour la femme dans une position commune, était, on doit le penser, quelque chose de bien cruel pour Armande et même pour Barati.

Que ces nuits passées à côté d'un mari souffrant devaient être longues et pleines de douloureuses pensées ! Que ce malade, qui ne pouvait croire à la sincérité de ces attentions, qui n'étaient qu'une comédie commandée par lui pour tromper le monde, devait souvent regretter la position du dernier mendiant, qu'une sœur, qu'une femme, qu'une mère servent avec le cœur et soignent avec amour !

Il y eut, durant cette maladie, de ces cruautés involontaires de part et d'autre qui brisent et qui dégradent ceux qui les font et ceux qui les souffrent. Plus d'une fois, au moment où Armande offrait à Barati un remède, une boisson ordonnée par le médecin, Barati s'arrêtait sur le point de la prendre, et, regardant sa femme de cet œil hagard où respirait la terreur du malade, il lui disait d'une voix épouvantée et impérieuse :

— Goûtez cela... goûtez ; buvez avant moi... Ce serait si heureux pour vous d'être débarrassée d'un mari comme moi !

Armande obéissait, surmontant le dégoût qu'elle devait éprouver, elle bien portante, pour tous ces breuvages horribles. Barati la regardait alors avec une joie cruelle et lui disait :

— Eh bien ! nous en finirons ensemble, si c'est un poison que vous m'offrez.

Puis il arriva une fois qu'Armande, à bout de la résignation qu'elle s'était imposée, lui répondit :

— Oh ! fasse le ciel que ce pût être un poison ; je n'ai pas peur de mourir, moi !

Ce mot échappé à sa douleur et à son indignation suggéra à Barati l'idée qu'elle ne reculerait pas devant le sacrifice de sa propre vie pour se venger de son mari. Alors ce furent des scènes cruelles et sinistres au chevet du lit de ce malade. Barati ne recevait pas un remède des mains de sa femme qu'il ne lui fît faire des sermens solennels qu'elle ne voulait pas attenter à ses jours; il la forçait à vouer son âme à la damnation éternelle si elle le trompait, puis, quand il l'avait torturée de toutes ses craintes, il reprenait :

— Buvez, buvez d'abord...

Certes, si Armande eût été capable d'un crime, cette conduite était faite pour lui en donner la fatale pensée; mais elle n'eut pas à la combattre, alors même qu'elle prévoyait que, si son mari succombait, ses dernières paroles seraient une accusation contre elle.

Avec des caractères moins décidés que ceux de Barati et d'Armande, l'un ou l'autre eût mis fin à ce supplice mutuel en refusant de donner des soins ou de les recevoir ; mais l'un et l'autre avaient voué toutes les puissances de leur âme à cacher sous un faux semblant d'accord et d'intelligence réciproque la division qui existait entre eux, et ils soutinrent cette lutte jusqu'à ce que la guérison de Barati vînt les en délivrer.

Peut-être cette constance d'Armande eût-elle fléchi Barati ; peut-être, en présence de ce dévoûment si patient et si résigné, le cœur du jeune avocat se fût-il laissé attendrir ; et souvent il s'était dit, durant les jours de sa convalescence et lorsqu'il avait éprouvé jusqu'au bout qu'il y a des âmes où une faute n'entraîne pas à d'autres, souvent il s'était dit que ce serait peut-être un bonheur pour lui-même d'offrir généreusement le pardon du passé, lorsqu'une circonstance grave vint rendre à sa volonté toute son énergie, à sa vengeance toute sa cruauté.

Un soir, Barati, déjà assez bien rétabli pour recevoir quelques amis, avait été poussé vers cette pensée de pardon par les éloges sincères que chacun avait donnés aux bons soins d'Armande. La jeune femme, admirable dans l'accomplissement de cette effroyable comédie qu'elle jouait, avait eu le courage de les recevoir sans tristesse, sans amertume ; elle avait été ce qu'eût été à sa place une femme qui aime et qui est aimée, elle avait été simple et naturelle. Chacun était déjà retiré, lorsqu'en quittant le salon, la femme d'un des collègues de Barati s'approcha de celui-ci et lui dit confidentiellement :

— Et maintenant, obligez-la à se ménager ; ou je m'y connais mal, et vous savez que je suis mère de quatre enfans, ou Armande est dans un état que de pareils efforts rendraient excessivement dangereux.

Celle qui parla ainsi ne vit point le terrible effet qu'avaient produit ces paroles, et Armande ne les avait point entendues. Elle demeura donc seule avec son mari; et comme d'ordinaire elle se retirait aussitôt que le rôle affreux qu'elle jouait était achevé, elle se leva pour quitter la chambre. Barati, faible encore, pâle de sa maladie, plus pâle de son émotion, se leva à son tour, et, fermant la porte de cette chambre, il arrêta Armande, et, tout plein de la pensée qu'on venait de lui jeter, il lui dit avec un accent furieux :

— Est-ce vrai ?

— Quoi donc ? reprit Armande en reculant devant le regard menaçant de son mari.

Il la regarda long-temps encore; ce qu'il avait à dire semblait ne pouvoir sortir de sa bouche; l'expression manquait à sa colère. Enfin, il s'approcha d'elle, et la saisissant par le bras, il reprit d'une voix basse mais exaspérée :

— Faudra-t-il que je donne mon nom à l'enfant de votre crime ?

Armande pâlit et chancela.

— C'est donc vrai ? reprit Barati.

— C'est vrai ! répondit Armande en tombant à genoux.

— Et voilà peut-être pourquoi vous n'avez pas osé me tuer et vous tuer avec moi.

Cette horrible accusation rendit à Armande la force que la découverte que venait de faire son mari lui avait enlevée ; elle se releva, et lui présentant avec un mouvement d'une sublime douleur ce flanc maternel où vivait la preuve de sa faute, elle lui cria :

— Frappez donc, monsieur, frappez ! car s'il doit être aussi malheureux que moi, mieux vaut qu'il meure avant de naître, mieux vaut que je meure avant de le voir souffrir.

Soit pitié, soit dessein d'une plus cruelle vengeance, soit terreur d'un pareil crime, Barati resta immobile ; il garda un long silence, puis après s'être donné, pour ainsi dire, le temps de prendre une résolution, il dit à sa femme :

— Allez, madame, allez, demain je vous dirai ma volonté.

XVI

Le lendemain, madame Barati apprit avec une surprise extrême que M. de Lostanges avait été appelé par une lettre de son gendre, et que celui-ci lui avait appris, avec l'expression de la joie, l'état de grossesse de son épouse; cette nouvelle avait été de même donnée à tous les gens de la maison, et la journée n'était pas finie qu'Armande recevait les félicitations de sa famille et de ses amis; ces félicitations, qu'on ne manque jamais d'accompagner de quelques légères railleries sur un pareil bonheur, furent le commencement d'un nouveau supplice pour Armande.

Quel était le but de Barati? où voulait-il en venir? que prétendait-il? Armande eût voulu l'interroger, mais elle ne s'en trouvait pas le courage. Et cependant elle était déjà saisie au plus profond de son âme de cet ardent et sublime amour de mère que l'homme n'atteint jamais dans ses tendresses les plus vives pour ses enfans.

Peut-être le malheur, l'isolement d'Armande ajoutaient-ils encore à cet amour; c'était dans l'avenir de sa vie perdue l'espérance d'une affection à donner et à recevoir; puis, lorsqu'elle songeait à quelles persécutions ce malheureux enfant serait sans doute exposé, elle n'osait lui souhaiter la vie pour le voir souffrir comme elle souffrait.

Tels furent les tourmens d'Armande, à qui Barati ne disait rien et qui avançait vers le terme fatal sans savoir ce qu'il allait devenir de ce terrible événement de sa vie.

Barati cependant avait bien calculé sa vengeance : à un moment où tout le monde devait croire ce terme encore assez éloigné, Barati, qu'en cette circonstance personne ne pouvait accuser d'imprudence, emmena sa femme dans une maison de campagne située à peu de distance de la ville. Armande le suivit sans résistance; elle redoutait un crime, mais comme il lui semblait impossible qu'elle aussi ne fût pas la victime, elle avait dévoué dans son désespoir ses deux existences à la mort, car celle de son enfant était aussi la sienne.

Ce fut dans cette maison que, livrée aux soins de cette même Rosine qui avait été la confidente de ses amours avec Giàcomo, elle mit au monde un fils, et ce fut quand ce fils était encore dans ses bras qu'eut lieu l'explication suivante. Barati entra dans la chambre de douleur, que Rosine ne quitta point.

— Maintenant, madame, dit-il à Armande (et si nos lecteurs s'étonnent qu'une femme en cet état pût supporter une pareille scène, ils se rappelleront quelle énergie puissante prête la douleur aux mères dans de pareilles circonstances pour sauver leur enfant, quelquefois pour les perdre); maintenant, madame, il est temps que vous sachiez ma volonté et résolution inébranlable.

Je ne donnerai point mon nom à ce fils qui n'est pas le mien, mais je ne le punirai pas plus cruellement que ne le ferait le monde de la faute de sa mère si je disais la vérité. Il serait l'enfant d'une faute honteuse si je parlais ; il restera ce qu'il est, mais il ne pourra vous le reprocher.

— Que voulez-vous dire, monsieur? fit Armande.

— Vous ne reverrez jamais ce fils, madame. Le moment où il est né expliquera et justifiera suffisamment un accident, car il n'y a que six mois et demi que nous sommes mariés, et personne ne saura ni votre déshonneur ni le mien.

Armande écoutait son mari l'œil hagard, une seule pensée la tenait.

— Vous voulez le tuer ! s'écria-t-elle, vous voulez le tuer !

— Cet enfant, lui dit Barati, sera remis à cette femme, qui a été votre complice ; elle le déposera entre les mains d'un homme qui l'élèvera.

— Armande jeta un regard éperdu sur Rosine, qui lui fit un signe et sembla l'assurer de la protection qu'elle acorderait à cet enfant.

— Monsieur, monsieur, dit Armande, vous ne le tuerez point, n'est-ce pas ? vous ne chargerez pas votre conscience d'un crime ; vous êtes un honnête homme, monsieur !....

Barati répondit par un rire de dédain, et Armande reprit aussitôt, mais avec un accent bien différent :

— Mais je serais une infâme si la crainte de la honte me faisait hésiter : vous n'enlèverez point cet enfant, vous ne l'arracherez pas de mes bras ; on saura ma faute, mais vous ne le tuerez pas.

Barati fut étonné de cette résolution, et il reprit d'un ton moins impérieux et moins amer :

— Je vous ai déjà dit qu'il vivrait, mais je vous ai dit à quelle condition, et vous devez comprendre que si j'avais voulu commettre un crime, je n'aurais pas fait assister cette femme à notre explication. Votre fils vivra, vous dis-je, mais il vivra séparé de vous.

— Et ne pourrai-je jamais le revoir? dit Armande.

Barati hésita encore, il comprit que le succès de ce qu'il voulait dépendait de l'espoir qu'il laisserait à Armande, et il répondit :

— L'avenir peut amener de graves changemens dans notre position respective, et peut-être dans nos sentimens; je vous jure que cet enfant vivra; mais n'oubliez pas les tortures que nous avons souffertes l'un et l'autre pour cacher aux yeux du monde notre situation, et si vous devez un jour revoir cet enfant, j'espère que vous porterez dans les préférences que vous lui accorderez la prudence nécessaire pour que personne ne puisse jamais en deviner le vrai motif.

C'était offrir à Armande un avenir plus beau qu'elle ne l'eût rêvé. Elle se dit que son fils, hors de la maison, aurait encore moins à souffrir; elle rêva que cette affection sacrée qu'elle pourrait lui porter serait la consolation mystérieuse d'une vie vouée au malheur, et elle dit à Barati, les yeux pleins de larmes et le cœur suffoqué à la fois de honte, de douleur et presque de reconnaissance :

— S'il en était ainsi, monsieur, cachez-le

à tous les yeux, et je vous jure devant Dieu que, quoi que vous puissiez exiger de moi, je le ferai pour vous remercier de cette noble indulgence.

Ainsi est fait le cœur humain qu'il reçoit comme un bonher ce qu'il avait considéré d'abord comme une peine horrible, lorsqu'il a redouté un malheur plus grand.

Rosine emporta l'enfant. Le lendemain, le bruit fut répandu que madame Barati ayant fait à la campagne une imprudence, il en était résulté un grave accident.

Ce devait être pour Barati un trop grand bonheur en apparence que la naissance d'un fils; cette naissance même, si l'on veut bien se rappeler les termes de son contrat de mariage, qui ne lui assurait la fortune de M. de Lostanges qu'en cas d'existence d'enfans, cette naissance même servait trop bien ses intérêts pour que personne pût douter un moment de la vérité de l'accident annoncé.

D'ailleurs, comment supposer, à moins de savoir la vérité, qu'un père et une mère se fussent mis d'accord pour un crime? Il ne s'éleva donc aucun doute à ce sujet, et bientôt il ne fut plus question de cet accident.

Cependant Rosine, qui sans doute avait reçu d'avance ses instructions, emporta l'enfant, enveloppé de langes qui ne pouvaient éclairer celui qui était chargé de le recueillir, et sur les indications précises qui lui avaient été données, elle s'en alla dans cette maison où nous avons déjà conduit plusieurs fois nos lecteurs.

Cette maison était celle du tisserand Vergnes. Elle y arriva au milieu de la nuit et frappa d'une façon particulière qui lui avait été indiquée.

Mais avant de raconter la scène qui se passa dans cette maison, nous devons dire quelles raisons avaient poussé Barati à choisir la maison de Vergnes. Barati était resté convaincu que Giacomo avait gardé des relations avec Vergnes ; il se disait que le prince, sans doute averti de la remise de cet enfant inconnu par le tisserand, devinerait probablement quel était l'infortuné ainsi abandonné ; il pensa que si ce soupçon venait au prince, il ferait, pour découvrir la vérité, des démarches qui lui permettraient enfin, à lui Barati, de saisir cet ennemi qui lui était échappé et qui lui échappait sans cesse.

Ce n'était pas non plus vainement qu'il avait choisi Rosine pour cette mission extraordinaire ; il s'était assuré à prix d'or la discrétion de cette fille, mais il voyait comme une chance d'attirer l'attention de Giacomo sur cet enfant le cas où Vergnes le reconnaîtrait comme ayant appartenu à madame Barati. D'un autre côté, Vergnes avait reçu un avis secret qu'un service important lui serait demandé, que ce service lui serait payé bien au delà de ce qu'il pouvait en attendre, et qu'il serait averti que le moment était venu lorsqu'il entendrait frapper à la porte d'une façon particulière, et dont on le prévenait.

Ce fut donc quand Rosine frappa de cette manière, que Vergnes dit à un homme qui se trouvait avec lui dans sa maison.

— Voici quelqu'un qui va venir, c'est pour un secret qu'on doit me confier. Vous savez que je vous ai parlé de l'avis que j'ai reçu. Retirez-vous donc, monseigneur.

— Ce secret, je le sais, lui répartit Giacomo, et ce secret, moi seul dois le connaître.

— Mais, monseigneur, dit Vergnes.

— N'oublie pas, reprit Giacomo, que tu es en mon pouvoir, que je t'ai payé chaque service que tu m'as rendu de plus d'or qu'il n'en faudrait pour enrichir dix hommes de ton espèce. D'ailleurs, tu auras la récompense promise et je la doublerai. Laisse-moi recevoir la personne qui va se présenter.

Vergnes obéit, et le prince, avant d'ouvrir à Rosine, enferma le tisserand dans une pièce éloignée. Puis il ouvrit et Rosine entra.

— Vous avez reçu, lui dit cette fille, l'avis que vous seriez appelé à rendre un service important à une noble dame.

Giacomo, les yeux fixés sur le petit berceau d'osier où était l'enfant, ne répondit pas à Rosine et s'écria vivement :

— Est-ce un fils, Rosine !... est-ce un fils ?

— Vous ! s'écria Rosine, qui reconnut Giacomo, dont elle ignorait cependant le rang et le nom.

— Oui, moi qui t'attendais.

— Mais comment avez-vous pu savoir....

Ne savais-je pas l'état d'Armande, ne savais-je pas le terme qu'il devait avoir ?

— Mais qui a pu vous dire que je viendrais ici ?

— L'avis que maître Barati a donné à Vergnes était d'une écriture que j'ai reconnue, malgré le soin que Barati mit à la déguiser ; donne-moi cet enfant, et dis-à sa mère que je le mettrai mieux qu'elle ne pourrait le souhaiter à l'abri de la vengeance de son mari.

Rosine obéit. Giacomo prit l'enfant, puis après l'avoir considéré, il dit d'une voix plus émue que la rudesse de ses manières ne pouvait le laisser supposer :

— Et elle a consenti à cet abandon !

Rosine lui raconta la scène qui s'était passée à la campagne.

— Ah! fit Giacomo, elle espère le revoir... Ce n'est plus Barati qui pourra le lui permettre désormais, ce sera moi. Du reste, ajouta-t-il en prenant une plume et en écrivant, remets ceci à ton maître, et dis à ta maîtresse qu'elle n'a plus besoin d'avoir peur.

Après ces paroles, il lui donna un billet ainsi conçu :

« J'ai reçu des mains de votre servante l'enfant que vous avez voué à la misère et à l'abandon... Il est à l'abri de votre haine, car son père le protége. 26 novembre, 16... »

C'était cette fatale date qui avait été rappelée à Barati dans le château de la Roque et qui l'avait fait trembler et pâlir.

Et maintenant, après avoir dit en peu de mots quelles précautions Giacomo prit pour assurer l'existence de son fils, nous donnerons aussi l'explication de ce mot *Uri*, qui n'avait pas moins épouvanté Barati que cette date terrible.

XVII

Cette histoire renferme déjà beaucoup trop d'incidens pour que nous racontions en détail ce qui fut fait par Giacomo pour mettre son fils à l'abri de toute poursuite. Nous nous

contenterons de dire qu'il chercha et retrouva
ce François Gali qui se promenait sur la route
de Toulouse en qualité d'aveugle mendiant.
Giacomo commença par le marier à une fille
qui avait été élevée dans la maison de la princesse sa mère ; ensuite de cela, il lui créa un
établissement de foulonnier dans la montagne;
c'était donc ce même Gali dont nous avons
entendu parler au commencement de cette
histoire, et le fils inconnu de Giacomo était
ce Galidou qui portait le nom de son prétendu
père, amendé du diminutif qui dans le Midi
distingue toujours le fils du père.

D'un autre côté et pour avoir en son pouvoir les gens qui tenaient en leurs mains une
partie de ses secrets, il ordonna à Vergnes de

rechercher en mariage cette Rosine, qui lui avait paru très propre à être la femme du tisserand, pour la complaisance adroite qu'elle avait mise à protéger d'abord ses amours avec Armande et pour la facilité avec laquelle elle se prêtait à toutes sortes de commissions, facilité dont elle avait donné la preuve en se chargeant d'exécuter les ordres de Barati. Vergnes eut peu d'efforts à faire pour déterminer Rosine, et c'est encore la même personne que nous avons vue plus tard la confidente des amours de la duchesse de N... et du comte d'Auterive.

Ces deux points étant éclaircis, nous avons à révéler un nouveau mystère à nos lecteurs.

Après la disparition du fils de Giacomo, Barati et Armande revinrent à la ville, et la vie qu'ils avaient menée jusque-là se posa sur de nouvelles bases. L'avocat parut complétement oublier le passé, et, sans sortir toutefois d'une retenue constante vis-à-vis de sa femme, il devint pour elle tout autre qu'il n'avait été jusque-là. Au lieu d'aller droit au but qu'il voulait atteindre, celui d'une entière réconciliation, il prit un chemin détourné et qui devait, à ce qu'il pensait, lui réussir, sans cependant qu'il parût faire une concession.

Ainsi, à plusieurs fois, et lorsqu'ils se trouvaient seuls en présence l'un de l'autre, au lieu de se retirer immédiatement, comme il avait coutume de le faire, Barati entamait ou plutôt continuait une conversation tout à fait étrangère à leurs sentimens respectifs, et à laquelle Armande ne pouvait guère se refuser. Ainsi, un jour qu'il avait avec son beau-père une discussion sur une affaire qui se présentait au parlement et qu'ils ne considéraient pas de même, M. de Lostanges s'étant retiré, Barati, après un moment de silence où il paraissait plongé dans de profondes réflexions, s'adressa tout à coup à Armande et lui dit :

— Tenez, madame, vous venez de voir un des résultats les plus déplorables de notre profession. Je veux parler de la discussion qui vient d'avoir lieu entre M. de Lostanges et moi.

— Elle n'a eu rien de déplaisant, ce me semble.

— Sans doute, reprit Barati, mais M. de Lostanges cherchait avec sincérité le côté juste et droit de cette affaire; j'en faisais autant; M. de Lostanges est assurément un de nos magistrats les plus éclairés, j'ai apporté dans l'étude de nos lois une ardeur qui me les a fait connaître assez bien, et cependant nous différons essentiellement d'opinion.

— Cela arrive aux meilleurs esprits, dit Armande.

— Vous avez raison; mais savez-vous à quoi cela tient? A ces mêmes études dont nous sommes si fiers. Malgré nous, et il faut bien le reconnaître, l'habitude de ne juger les choses que d'après la loi écrite, nous les fait rapporter à un texte quelconque, et comme sur le même sujet il y a vingt textes contradictoires, on s'égare, on se fatigue à les combiner les uns avec les autres, et l'esprit, cela est vrai, cela est certain, perd un peu de cette lucidité naturelle qui distingue, tout d'un coup et sans raisonnement à perte de vue le juste de l'injuste.

Un ignorant, et j'entends par un ignorant une personne qui, ne sachant pas la loi ne se trouverait pas embarrassée par ses subtilités contradictoires, eût peut-être touché le point juste de cette question où nous nous sommes perdus l'un et l'autre. Voyons, vous qui avez entendu la discussion, que vous en semble ?

— Moi, monsieur ? lui dit Armande d'un air fort surpris.

Barati ne voulut pas le remarquer, et prenant de son côté un air très préoccupé de l'affaire en question, il dit à Armande :

— Oui, vous. Les femmes ont un esprit ferme et décidé qui va à la vérité par un chemin droit. Voyons, je suis ébranlé par les raisons de votre père d'une part, je reviens aux miennes d'un autre côté ; je ne sais si je me trompe, je ne sais si j'ai raison, qu'en pensez-vous ?

Barati avait si bien l'air d'un homme qui ne parle que d'affaires et qui en eût parlé, comme il le faisait, à la première personne venue, qu'Armande lui répondit de même :

— Eh bien, monsieur, puisque vous me demandez mon opinion, je crois que mon père avait raison selon l'équité.

— C'est votre opinion? lui dit Barati, qui n'avait fait naître la discussion que pour amener cet incident.

— Oui, monsieur.

— Eh bien, dit-il en se levant, je plaiderai

l'affaire dans ce sens; ce qui est équitable doit passer avant tous les textes de lois.

Il sortit après ces paroles. Quelques jours après, M. de Lostanges disait à sa fille d'un air de triomphe :

— Ah! ah! votre mari est revenu à mon opinion et il a eu une pleine réussite.

Et Barati disait à sa femme en rentrant chez lui :

— Vous avez eu raison, madame, nous avons gagné notre cause, et je vous dois ce succès.

Cet exemple montrera quelle fut la marche de Barati pour abaisser peu à peu la barrière qui existait entre lui et Armande. Ce n'étaient jamais que des conversations sur des sujets qui leur étaient parfaitement étrangers, mais c'était beaucoup que d'avoir rompu par un point quelconque l'isolement où ils vivaient vis-à-vis l'un de l'autre.

Cette manière de procéder fut si habilement mise en œuvre par Barati, que sa femme ne s'en aperçut point ; elle s'accoutuma insensiblement à voir occupées les heures de solitude quelle passait auparavant dans des réflexions cruelles, et il arriva même quelques occasions où elle reprit la gaîté et la franchise de sa jeunesse.

Mais un motif cruel de dissentiment restait au fond de cette vie. Qu'était devenu l'enfant d'Armande? Plus Barati mettait de bonnes façons dans la manière dont il traitait sa femme, moins elle se sentait le courage d'aborder ce terrible sujet. Elle l'eût déjà fait vingt fois s'ils étaient demeurés dans un état d'hostilité et de séparation permanente. Un reproche, une querelle, une froideur même eussent été l'occasion d'une demande ou d'une accusation ; mais comment briser ce silence par un souvenir qui ne pouvait être qu'outrageant pour Barati?

Armande remettait sans cesse les explications au lendemain, et le lendemain se passait sans qu'elle osât commencer une discussion qui devait lui rendre cette vie insupportable qu'elle avait soufferte déjà.

Barati avait souvent deviné la pensée de sa femme, et, à chaque fois, il avait mis un obstacle à ce qu'elle la lui exprimât, en se montrant plus empressé, plus oublieux du passé.

Il faut le reconnaître, il arrive souvent que si une personne manque à remplir un devoir en temps utile, elle s'arrête devant l'idée de l'accomplir lorsqu'il est devenu plus difficile par le retard apporté. Ainsi, pour faire comprendre notre pensée par un exemple vulgaire et d'une rencontre commune, combien de fois n'arrive-t-il pas que l'homme qui doit une visite à un autre, s'il la néglige d'abord, éprouve de l'embarras à la faire ensuite, n'ose plus la faire plus tard, et finit par y renoncer ?

Ce n'était pas sans doute ainsi que pouvait agir une mère, mais il y avait un peu de ce sentiment dans l'hésitation qu'Armande éprouvait à parler à son mari ; chaque jour de retard rendait une explication plus difficile à aborder, et près de six mois s'étant passés ainsi, Armande se résolut à ne point aborder ce sujet avec son mari, mais à faire des recherches secrètes.

Elle était surveillée de trop près pour que Barati n'en fût point informé ; il sut donc qu'Armande s'était enquise de la demeure de

Rosine, et qu'elle comptait s'y rendre. Barati savait dans quel but, mais la présence de sa femme chez Vergnes, si elle était aperçue par quelqu'un, ne pouvait être que fatale à la réputation d'Armande. En cette circonstance, il tenta un coup décisif; le matin du jour où Armande devait sortir, on lui remit un billet de son mari.

« Je sais, lui disait ce billet, où vous voulez aller. Cette démarche me prouve avant tout la pureté ignorante de votre cœur, car je suis sûre que si vous saviez que Rosine est la maîtresse d'une maison perdue, vous n'oseriez en franchir le seuil.

» Cependant vous voulez voir Rosine, et

vous la verrez. Cette femme se rendra ce soir chez vous lorsque la nuit venue vous assurera qu'elle ne pourra être reconnue. Attendez-la, faites avertir vos gens de l'introduire chez vous comme une infortunée à laquelle vous vous intéressez et qui ne veut pas qu'on la connaisse. Ceci est plutôt le conseil d'un homme sage que l'ordre d'un mari. »

Cette façon d'agir surprit Armande, elle la toucha même ; la révolte, si ordinaire aux cœurs qui souffrent, n'entra point dans son esprit, et elle attendit le soir, mais avec une terrible inquiétude de se retrouver en présence de son mari.

Barati savait faire les choses qu'il voulait,

et, par une attention qui toucha encore plus Armande, il lui écrivit de la maison d'un de ses collègues qu'il était forcé de demeurer chez lui pour une affaire importante, et qu'il ne rentrerait que fort tard dans la soirée. Armande se trouva soulagée d'une cruelle appréhension, et pour la première fois elle réfléchit peut-être sérieusement sur le changement de conduite de son mari à son égard.

Cependant, le soir venu, Rosine fut introduite, et Rosine ne put que raconter à Armande ce qui était arrivé à la maison de Vergnes. Mais ce qu'était devenu l'enfant, ce que Giacomo en avait fait, elle l'ignorait absolument. Vergnes, son mari, était dans la même ignorance; et le seul moyen d'en apprendre quelque chose serait de s'adresser directement à Giacomo. Mais Giacomo restait toujours le même être insaisissable, paraissant au moment où on ne l'attendait pas, disparaissant quelquefois pour des mois entiers au moment où il avait formellement promis de revenir.

De tout cela, Armande ne put conclure qu'une chose, c'est qu'il lui serait impossible de revoir son fils sans la permission de Giacomo, et qui sait à quel prix cet homme lui vendrait cette faveur! D'un autre côté, cet enfant n'était-il pas sous la protection de son père, et jamais la protection d'Armande pourrait-elle lui assurer un meilleur avenir que celui que pouvait lui promettre un homme si puissant?

Soit que Rossine eût été inspirée par Barati, soit qu'elle parlât de son propre mouvement, ce qu'elle dit à Armande demeura dans son esprit et y prit de la consistance.

La tendresse d'une mère pour son enfant, si pure, si vive, si puissante qu'elle soit, se nourrit et s'accroît des soins qu'elle lui donne, des inquiétudes et des espérances qu'elle ressent. Armande resta désolée sans doute, mais déjà tournée vers cette pensée qu'elle ne devait plus et ne pouvait plus revoir cet enfant, elle s'indigna elle-même en pensant que cette pensée ne la révoltait pas souverainement.

C'est qu'elle s'était accoutumée à son mal

à une vie plus calme; c'est que, sevrée de tendres sentimens, elle n'avait plus à en redouter d'hostiles; c'est qu'elle était comme la plupart des hommes, à qui la lutte donne un courage et une énergie extraordinaires, et qui s'endorment aisément dans le repos, alors même qu'il n'est pas le bonheur.

Il n'y a que pour les cœurs où vivent d'ardens désirs que ce repos est une nouvelle fatigue, et Armande n'était pas dans cette nature. Cependant, entre le point où était arrivé Barati et celui où il voulait venir, il y avait une distance énorme, et une distance bien plus difficile à franchir que s'ils avaient été complétement étrangers l'un à l'autre.

Le lendemain de la visite de Rosine, Barati agit naturellement comme s'il ignorait ce qui s'était passé. Sa première parole, plus libre, plus familière, plus affectueuse même que de coutume, rassura Armande, qui redoutait des questions sur ce qu'elle avait appris et sur ce qu'elle avait décidé. Peut-être à ce moment si Barati avait fait un appel à la reconnaissance et au repentir d'Armande, il eût excité un de ces soudains mouvemens où l'on engage sa vie sans le vouloir; mais, satisfait de ce qu'il avait obtenu, il ne donna point l'impulsion à cette âme facile aux vifs entraînemens.

Barati était un de ces hommes patiens qui

emploient tant de calculs, de prévisions, de précautions à marcher dans la voie qu'ils se sont tracée, qu'ils redoutent le moindre mouvement violent qui pourrait les emporter au delà des pas qu'ils se sont marqués pour leur chemin de chaque jour.

Ce fut donc assez pour lui que cette épreuve se fût passée sans amener rien qui détruisît une partie de ce qu'il avait si laborieusement conquis. Barati ne savait pas assez qu'il y a des circonstances (et cela est surtout vrai vis-à-vis des femmes), où ne pas avancer très loin, c'est perdre beaucoup de terrain. La pensée est venue à Armande de tendre la main à son mari, de le remercier ; elle lui dit un mot qu'il ne sut pas comprendre. Comme il lui demandait des nouvelles de sa santé, elle lui répondit, en le regardant fixement :

— Je ne veux plus être malade.

Barâti ne comprit pas ou ne voulut pas comprendre le sens de cette parole et répartit sans amertume, mais sans montrer qu'il prît cela pour une chose qui lui fût personnelle :

— C'est une résolution qui fera plaisir à votre père.

Armande ne lui sut pas mauvais gré de cette réponse, mais elle repoussa dans son cœur l'expression prête à s'en échapper. Ce moment perdu éloigna de beaucoup une réconciliation qui devait, qui pouvait se faire à l'instant même. Barati et sa femme reprirent leur vie accoutumée, elle devint plus familière, plus commode, plus habituelle à chacun d'eux et arriva à ce résultat de satisfaire pour ainsi dire à tout ce qu'Armande avait osé espérer.

Il eût fallut un événement qui n'arrivait pas pour rompre cette nouvelle habitude, et lorsque Barati pensa qu'il était temps de faire cesser cette dernière retenue mutuelle, il survint un incident qui anéantit d'un seul coup tout ce qu'avait fait Barati pour arriver à ce but. Mais cet événement et ses conséquences furent trop importans pour ne pas en renvoyer le récit à un autre chapitre.

XVIII

Près d'une année s'était passée depuis le jour où Armande avait renoncé à l'espérance de jamais revoir son fils, et Barati, parfaitement rassuré, grâce à la surveillance occulte dont il avait entouré sa femme, certain qu'elle n'avait point renouvelé ses tentatives à ce sujet, jugea qu'il était temps d'accorder ce pardon entier qu'Armande avait enfin mérité.

Par une pente insensible et toujours avec la prudence qu'il croyait le garant de tout succès, Barati se rapprocha encore de sa femme. Dans son premier effort, il s'était pour ainsi dire adressé à l'esprit ; il avait établi entre lui et Armande un échange d'idées indifférentes, mais familier et presque confiant ; cette fois, il voulait aborder la femme non pas en attaquant son cœur dès le commencement, mais en s'occupant de sa personne.

On sait qu'à défaut d'occasions, Barati savait les faire naître ; mais ce qu'il voulait n'avait pas besoin d'un grand prétexte, et un soir qu'il ramenait sa femme d'un souper assez nombreux (le souper a été un repas honnête), il lui dit avec une tristesse qui surprit sa femme :

— Je ne suis pas content de vous, madame.

— En quoi donc, monsieur?

— Je craignais de vous le dire, mais cela m'a beaucoup trop chagriné pour que je ne vous en fasse point part. C'est un enfantillage peut-être, mais ni vous ni moi ne referons le monde; il faut le prendre comme il est et vivre comme il vit.

— Je ne vous comprends pas, monsieur.

— Tenez, Armande (et c'était la première fois que ce nom sortait de la bouche de Barati), tenez, je conçois parfaitement que vous teniez fort peu à votre parure : c'est une occupation, murmura-t-il avec un soupir, qui ne va qu'aux gens heureux; mais encore il ne faudrait pas en faire un complet mépris.

— Je crois être convenablement vêtue, dit Armande, qui ne voyait pas clairement où son mari voulait en venir.

— Convenablement, dit Barati, c'est vrai dans le sens d'un rigorisme absolu, mais peut-être trop simplement.

— Trop simplement? reprit Armande.

— Vous êtes jeune, vous... vous... vous êtes belle, enfin, dit Barati, comme embarrassé de ce mot ; notre fortune vous permet, vous oblige même à quelque dépense, et il est impossible qu'on ne s'étonne pas de la simplicité exagérée de vos habits. Assurément le monde n'en verra point la véritable cause, mais il l'expliquera en m'imputant et peut-être en vous imputant à vous-même un vice honteux à tout âge, dégradant au nôtre. On dira que cette simplicité est une basse et sordide avarice; je ne veux pas qu'on m'en accuse, je ne veux pas que vous puissiez en être soupçonnée. Faites donc autrement à l'avenir.

Dans la maison d'où nous venons, j'ai entendu des chuchottemens très déplaisans à ce sujet. Cela m'a blessé, cela m'a fait de la peine. Croyez qu'il m'en coûte aussi beaucoup de vous dire une chose que vous pouvez considérer comme un ordre et qui n'est qu'un avis; mais vous le ferez, je l'espère; et d'ailleurs, ajouta-t-il, je vous en épargnerai le souci.

Quoi qu'on puisse dire de l'amour des femmes pour la parure, ce ne fut pas l'espoir d'avoir des atours magnifiques qui préoccupa

Armande après cette conversation. Ce luxe lui avait été imposé sans doute comme une nécessité de position ; mais si les paroles n'avaient eu rien qui pût donner à Armande une autre idée que celle-là, les inflexions de la voix de Barati l'avaient singulièrement troublée. Ce mot : « Vous êtes belle, enfin ! » sorti avec effort et avec un profond soupir de la bouche de Barati, avait montré, plus qu'il ne l'eût voulu peut-être, que cette beauté qui lui était étrangère, il l'avait aimée autrefois.

Cet entretien ramena les pensées d'Armande sur la singularité de sa position, et, par un sentiment tout féminin, quand son mari eut quitté sa chambre, elle se regarda dans le miroir de sa toilette, et, en effet, elle se trouva belle, elle se dit qu'elle avait à peine vingt ans et se mit à pleurer ses vingt ans et sa beauté.

Raconter tout le tumulte que jeta dans la tête et dans le cœur d'Armande cette simple réflexion, dire ce qu'elle crut entrevoir dans l'avenir et ce qu'elle se rappela de rêves perdus et d'espérances éteintes, est impossible. Elle eut peur de cette nouvelle direction de ses idées ; elles les repoussa, se réfugia dans la prière, et quand le jour fut venu, jamais elle ne s'était peut-être levée plus accablée, plus brisée, plus privée de résolution. Le surlendemain même, Armande trouva chez elle un assortiment de riches étoffes, de belles dentelles, de bijoux d'un choix précieux.

— Vous savez, lui dit son mari, que nous avons une solennité la semaine prochaine à l'Académie des Jeux floraux, à laquelle M. de La Loubère a rendu tout son éclat (1). Le beau monde de Toulouse y sera ; vous ne devez pas y paraître au dessous de votre état, et il est permis, avec toute la modestie possible, de vous y montrer avec tout l'avantage de votre

---

(1) Ce La Loubère était un homme fort médiocre et que le crédit de Pontchartin fit arriver à l'Académie. C'est sur lui que La Fontaine fit l'épigramme qui finit par ces vers :

Il en sera, quoi qu'on en die :
C'est un impôt que Pontchartrain
Veut lever sur l'Académie.

beauté. Vous y penserez donc, je vous en prie.

Armande obéit; et le jour venu, lorsqu'elle entra dans le salon où l'attendait son mari, elle se présenta fort embarrassée, les yeux baissés et toute rouge, car elle s'était trouvée elle-même d'une beauté admirable. Barati la regarda, la contempla et demeura muet.

Ce silence embarrassa Armande, à qui vinrent les larmes aux yeux, et elle dit à Barati :

— C'est trop, n'est-ce pas, monsieur ?

— Non, non, dit-il d'un ton singulier. C'est la même étoffe que portait la femme de mon confrère Durand, ce ne sont pas des bijoux plus précieux que ceux de toutes les femmes que nous connaissons ; mais ce n'est pas votre faute si, avec cet habit, votre beauté vous donne l'air d'une duchesse.

— Monsieur... dit Armande, troublée jusqu'au fond de l'âme.

— Oui, oui... dit Barati avec un accent de colère douloureuse et concentrée ; oui, vous êtes belle, plus belle qu'aucune femme...

Il s'arrêta et reprit avec vivacité :

— Venez, venez, il est temps de partir.

Quand elle parut dans la salle des Jeux floraux, Armande excita uu murmure d'admiration, et par un sentiment plus fort que sa volonté, elle jeta un regard sur son mari ; il était triste et préoccupé. Elle s'alarma et s'en voulut de ce triomphe, elle fut triste à son tour.

Lorsqu'ils furent rentrés, il lui dit d'un ton tout à fait amical :

— Vous n'avez fait les choses qu'à demi, madame ; pourquoi vous être montrée si triste ?

— Ne l'étiez-vous pas de même ? dit-elle.

— Oh ! moi, madame, s'écria Barati, c'est bien différent. Je souffre horriblement.

— Me croyez-vous heureuse ? dit Armande.

— Assurément non, madame... non, dit Barati, mais vous n'avez pas à ajouter au malheur passé un affreux tourment de tous les jours. Vous avez eu le noble courage d'un grand sacrifice, et quelque tristesse qui puisse vous en demeurer, ce n'est plus que la douleur d'un devoir accompli. Mais moi j'ai d'autres souffrances.

Armande le regarda avec étonnement en lui disant :

— Vous, monsieur ?

— En vérité, reprit-il comme emporté par la violence de ses sentimens, vous étiez bien belle aujourd'hui, et il a semblé que le monde le reconnaissait pour la première fois. A ce moment il est arrivé ce que je n'avais pas encore entendu, que des paroles, des regards fugitifs sont venus jusqu'à moi pour me dire : « C'est un homme heureux que l'époux d'une si belle personne; » et alors, madame, vous devez comprendre ce que j'ai souffert.

— Monsieur, monsieur, reprit Armande

les yeux remplis de larmes, vous vous étiez montré généreux depuis quelque temps... Je me cacherai...

— Et quand vous vous cacheriez, lui dit Barati, m'empêcheriez-vous de souffrir d'une douleur que je ne voulais pas m'avouer, et que cette journée m'a montrée de façon à ce que je ne puisse la méconnaître ? Vous vous cacheriez, dites-vous ? Cela m'empêchera-t-il de vous aimer et d'être désespéré de notre séparation ! Car je vous aime ! ajouta-t-il en tombant sur un siège et en cachant sa tête dans ses mains comme pour voiler aux yeux de sa femme la honte qu'il éprouvait d'avoir fait l'aveu d'un pareille faiblesse.

Certes¹, jamais déclaration d'amour de l'amant le plus passionné à la jeune fille la plus innocente ne jeta un trouble plus profond dans le cœur d'une femme. Son cœur se serra; une sorte de vertige s'empara d'elle, il lui fallut s'appuyer sur une table pour ne pas tomber.

Dire que cette émotion était de la joie, dire que c'était de la douleur, ce serait attribuer un sentiment unique à un mélange d'espoir, de terreurs, de remords, de doutes.

La jeune fille innocente à qui un amant pardonne une trahison de cœur et qui en est heureuse, ose accepter son bonheur; mais cette femme dont la faute avait éclairé la pensée sur l'avenir de l'amour, cette femme qui pouvait se figurer son époux, qui l'avait repoussée comme flétrie, venant lui demander près d'elle la place qu'un autre avait occupée, cette femme comprenant que, quelque amour qu'il y eût dans le cœur de son mari, ce souvenir honteux pour tous deux resterait toujours entre eux au milieu des plus douces émotions, cette femme fut prise d'un désespoir horrible et cruel, et s'écria en éclatant en larmes :

— Oh! mon Dieu, mon Dieu, je suis bien misérable!

— Ah! lui dit Barati en se relevant, mon amour vous fait peur, il vous est affreux!

Armande se tourna vers lui, et elle lui dit d'une voix mourante :

— Je ne le mérite pas... je ne le mérite plus.

— Armande, lui dit Barati en lui prenant la main, tout s'oublie.

Cette main était froide et tremblante. Barati la pressa. Les genoux d'Armande fléchirent, et elle s'écria en tombant à genoux :

— Ah! mon Dieu, mon Dieu! Je vous donnerais le reste de mes jours pour ne pas être coupable!

Etait-ce un aveu de l'amour qu'avait pu

faire naître dans le cœur d'Armande les soins plus affectueux de son mari? Etait-ce le cri d'une reconnaissance qui eût voulu pouvoir payer ce généreux oubli d'un bonheur où ne se mêlerait pas un remords? Etait-ce l'effroi qu'elle éprouvait d'une passion qui venait de se révéler si soudainement? Peut-être était-ce tout cela; mais il n'y a que le cœur qui comprenne le cœur, et Barati, si habile à diriger les circonstances et les événemens, ne sentit pas qu'on ne renouvelle pas deux fois dans l'âme d'une femme dans la position de la sienne ces troubles inexprimables où elle appartient à la volonté qui la domine.

Barati répondit à ce cri de l'âme par une sentence de morale.

— Armande, lui dit-il, le repentir est égal à l'innocence aux yeux de Dieu.

Il faut bien le dire, cette belle maxime était en ce moment une énorme niaiserie : en quoi maître Barati pouvait-il ressembler à Dieu, pour qu'il vît le repentir comme l'innocence?

et ne devait-il pas arirver une heure où l'homme devait avoir un autre pardon que celui de la religion pour ce précieux repentir ?

Barati quitta Armande après cette parole maladroite. Elle ne lui en voulut pas de ce qu'il avait dit, mais, plus calme et remise de l'émotion qu'elle avait éprouvée, elle eut la pensée que c'eût été presque pitié pour elle de ne pas exposer encore une fois son âme à une torture pareille, et qu'il est des momens dans la vie où l'amour est bon parce qu'il est sans pitié et parce qu'il achève la défaite lorsqu'il en a donné la honte.

Cependant les jours qui suivirent cette explication furent plus embarrassés que ceux mêmes où il y avait une hostilité déclarée entre Armande et son mari. Elle attendait sans désir une volonté qui la glaçait d'une terreur indicible. Elle était sous le regard de son mari comme le malade qui espère en une crise qui peut le guérir, mais qui peut aussi le perdre. C'était un supplice qu'elle n'avait point prévu et contre lequel elle était sans courage.

Ce fut alors, ce fut durant ces jours d'incertitude qu'une maladie violente et rapide atteignit M. de Lostanges. Armande ne l'eût pas fait par tendresse pour son père, elle ne l'eût pas fait par devoir, que pour s'arracher durant ses jours et ses nuits à l'étrange tourment qu'elle ressentait, elle eût été s'établir au chevet de son père.

Barati l'approuva, l'encouragea, il alla même jusqu'à lui rappeler combien il avait été injuste envers elle en pareille circonstance ; il rapporcha encore d'un pas le cœur d'Armande du sien, mais un mot suffit à renverser de fond en comble cette entreprise si laborieusement conduite.

Un jour, Armande rentra chez elle dans un état d'inquiétude extrême : son père était plus malade qu'il ne l'avait été jusque-là, et sa vie était tout à fait en danger.

Barati parut frappé de cette nouvelle d'une

façon qui dépassait en stupeur la douleur naturelle à un gendre.

— Et connaît-il son état? dit Barati à sa femme.

— Assez bien pour qu'il ait fait mander son notaire et un prêtre.

Barati regarda Armande avec une expression si extraordinaire, si inquiète et si menaçante à la fois, qu'elle ne put s'empêcher de lui dire :

— Qu'y a-t-il, monsieur ?

— Il y a, lui dit Barati, que si M. de Lostanges meurt dans la position où nous sommes, nous perdons son héritage.

— Que voulez-vous dire? fit Armande, cherchant à comprendre où voulait en venir son mari.

— Je veux dire qu'il faut que vous lui déclariez que vous avez l'espoir certain de devenir mère.

— Mais ce sera un mensonge! s'écria Armande.

— Notre existence n'est-elle pas une vie de mensonge? reprit Barati d'une voix sourde et furieuse; vous direz cela à votre père, madame; je le veux, il le faut : j'ai assez pardonné, moi, pour que vous me rendiez ce service.

L'avidité de Barati avait dominé en lui l'adresse et la patience constante de ses calculs. Armande devina en un mot toute l'horrible hypocrisie de cet amour prétendu. Il fallait qu'elle fût mère pour enrichir Barati; voilà tout.

Ce fut un coup si terrible, si inattendu, qu'elle ne se rendit pas compte de ce qu'elle éprouvait, mais qu'elle se refusa au mensonge qu'on lui demandait. Ce fut en vain, car alors Barati, la menace à la bouche, tout prêt à aller révéler au père mourant l'infamie et la faute de sa fille, la força à obéir, et le soir même elle dit à son père et affirma le mensonge que lui avait dicté Barati.

— S'il en est ainsi, dit M. de Lostanges, le testament que j'ai dicté deviendra nul, et il sera remis à votre mari par le notaire qui l'a reçu aujourd'hui.

Barati connaissait parfaitement les principes du droit, et il savait cet axiôme de la loi romaine qui a passé dans toutes les lois :

Infans pro nato habetur quotiès de suis commodis agitur.

(L'enfant est censé né toutes les fois qu'il s'agit de ses intérêts.)

Mais il fallait que cet enfant fût né à une époque qui ne pouvait être dépassée. Et ce fut alors que Barati osa dire à sa femme quel était son projet.

— J'ai chassé de ma maison, lui dit-il, l'enfant qui m'était étranger; votre amour pour lui me l'eût rendu odieux. L'enfant étranger à tous les deux, qu'il est nécessaire d'y introduire maintenant, n'aura du moins contre lui aucun souvenir honteux ni pour vous ni pour moi.

Nous ne voulons pas rapporter les menaces, les violences par lesquelles Barati força Armande à simuler une grossesse qui n'existait pas, qui ne devait jamais exister, car c'en était fait de tout espoir de réconciliation entre eux. Armande obéit. Bien des fois il lui prit de soudaines envies de dire la vérité, car M. de Lostanges était mort, et elle n'avait plus à redouter sa colère ; bien des fois encore elle se demanda si elle ne se vengerait pas cruellement de la barbare avidité de son mari en se donnant la mort et en trompant ainsi ses espérances ; mais Armande avait souffert au-delà de ses forces.

Un cœur que la douleur ne lâche point prend dans cette épreuve incessante une vigueur qui s'accroît sans cesse ; mais celui que le malheur quitte et reprend, celui qui, après de cruelles tortures, se croit arrivé au repos et qui se voit de nouveau condamné à de plus dures souffrances, celui-là se fatigue plus vite, se brise aisément et ne garde plus que le courage passif qui accepte tout, sans révolte si ce n'est sans plainte.

Armande obéit, avons-nous dit, mais elle eut encore la force de se faire un droit de cette concession pour obtenir de Barati qu'il lui permettrait d'achever ses jours dans la retraite.

Cependant le dénouement de cette comédie devait bientôt arriver, et on doit croire qu'il intéressait trop vivement les héritiers déçus de M. de Lostanges pour qu'il ne fût pas surveillé avec soin. Cependant ce dénouement dépendait de la naissance d'un enfant destiné par Barati à lui tenir lieu de celui qui lui assurait la fortune de son beau-père. Combien Vergnes avait-il vendu cet enfant à Barati? ce fut un mystère entre eux; mais du moment qu'un père se décide à vendre son enfant, il peut le donner pour quelques écus.

Donc un soir, et lorsque tout dormait dans la maison du conseiller, il rentra par la porte du jardin, monta chez lui, entra chez sa femme et lui dit :

— Voici votre fille, madame; voici l'héritière des biens de M. de Lostanges.

Un moment après, des domestiques couraient chercher un médecin gagné depuis long-temps, et quelques jours après on baptisait la fille de Vergnes et de Rosine sous le nom de Clémence Barati. Nos lecteurs savent comment elle devint la comtesse d'Auterive.

Mais avant le jour de ce baptême, une scène singulière se passa dans la maison de Barati, déjà devenu conseiller au parlement. D'après la loi, l'enfant né étant saisi de ses droits à l'héritage de son aïeul il le possédait d'une manière irrévocable, et n'eût-il vécu qu'une heure, il avait anéanti tous les droits des collatéraux. Barati demanda donc au notaire de M. de Lostanges le testament de son beau-père devenu inutile. Ce testament fut apporté chez Barati par un vieux clerc pauvrement vêtu d'un vieil habit râpé, la face jaune et ridée.

— Veuillez voir, lui dit-il, si c'est là ce que vous m'avez demandé.

Barati rompit le cachet, jeta un coup d'œil rapide sur le testament et avec un sourire de satisfaction il le jeta au feu en disant d'une voix railleuse : *Uri.*

— *Ure*, répartit le vieillard d'un ton sardonique.

— Hein! fit Barati, que voulez-vous dire?
— Que la joie vous fait oublier votre latin, maître Barati.

— C'est possible, dit celui-ci en riant; va pour *ure*, je ne tiens pas à *uri*.

— Mais j'y tiens, moi, dit le vieillard, car ce mot, je l'ai dit un jour que fuyant un grand danger et mourant de soif, je parodiai le mot de saint Thomas et je m'écriai : *Melius est sitire quam uri* (1). (Il vaut mieux avoir soif qu'être brûlé.)

Barati se leva soudainement, et attachant un regard plus perçant sur celui qui lui parlait ainsi :

---

(1) La phrase de saint Thomas est : *Melius est nubere quam uri*. (Il vaut mieux se marier qu'être brûlé.)

— Et ce danger que vous fuyiez, c'était celui d'être brûlé ?

— Comme sorcier, maître Barati.

— Vous! s'écria Barati en reculant et en reconnaissant enfin l'homme à qui il avait affaire.

— Moi, maître Barati, que tu voudrais sans doute faire brûler comme ce testament; moi qui, sans être sorcier, ai deviné où était passé l'enfant de Vergnes.

— Misérable! s'écria Barati, je te tiens enfin...

— Barati, lui dit Giacomo en s'armant d'un poignard, fusses-tu plus fort et plus brave que tu ne l'es, tu ne me tuerais pas assez vite pour que je ne puisse accuser Rosine d'avoir fait disparaître son enfant; et lorsqu'il faudrait choisir entre dire la vérité et aller à la potence, tu dois être assuré de ce qui arriverait : on saura que tu lui as acheté sa fille pour en faire la tienne.

Barati courba la tête.

— Et maintenant, ajouta Giacomo, maintenant que je te tiens par le crime, je t'avertis que si tu fais encore une tentative pour me découvrir, ce sera pour ta perte avant la mienne. J'ai affaire dans ce pays et j'y veux être libre.

A ces mots il sortit, sans que Barati, anéanti par tant d'audace, pensât à l'arrêter. Dans le chapitre suivant, nous dirons à nos lecteurs quelle était cette ffaire dont venait de parler Giacomo, maintenant qu'ils savent quelle était l'origine du mot mystérieux URI, qui avait été remis à Barati dans le château de la Roque, et qui l'avait encore plus épouvanté que la date terrible du 26 novembre 16...

XX

L'affaire dont Giacomo voulait s'occuper à son aise était déjà, à l'époque dont nous parlons, cette vaste fabrication de fausse monnaie à laquelle il voulait associer les gens les plus influens de la province; mais il en fut longtemps détourné par l'impossibilité de trouver un endroit propre à un établissement comme il l'entendait.

Si l'on demande à quoi voulait arriver Giacomo par une entreprise pareille et lorsqu'il était déjà possesseur de richesses considérables, il faudra bien que nous donnions à nos lecteurs l'explication tout au moins étrange que nous trouvons dans le vieux manuscrit dont nous parlons.

Giacomo ne vivait pas, dit-il, à une époque si éloignée du temps où le duc de Rohan, proscrit et condamné à mort, avait négocié avec la Porte l'achat de l'île de Candie, où il voulait établir une nouvelle royauté. Il avait vu de près le chevalier de Guine, tout près de s'emparer du royaume de Naples et de l'enlever à la domination espagnole s'il eût été secondé par la flotte française ou s'il eût possédé les moyens de soutenir durant quelque temps la révolte de Masaniello.

Cet homme donc que nous avons vu pasteur des troupeaux d'un foulonnier des Pyrénées avait rêvé un royanme. Si petit qu'il fût, si perdu qu'il eût pu le choisir dans les îles nombreuses de la Méditerranée, il voulait être souverain et donner ainsi au monde le spectacle d'un homme condamné au dernier supplice fonder une dynastie.

On accuse beaucoup notre siècle d'idées extravagantes et qui ébranleraient la face du monde politique, et l'on oublie peut-être qu'au moment où cette histoire a commencé, le marquis de Brandebourg venait de se déclarer roi de sa propre autorité, car le traité d'Utrecht ne fit que confirmer ce qu'il avait fait sans la permission de personne.

Puisque nous en sommes à expliquer l'ambition de cet homme extraordinaire, il faut dire comment il fut prêt à réaliser cette immense espérance et à quelle époque il en fut déçu.

Déjà les richesses accumulées par le prince de Puzzano étaient considérables, mais le métier de corsaire, par lequel il en avait acquis la meilleure partie, était devenu trop dangereux pour lui, non pas en ce sens qu'il en redoutait les dangers guerriers, mais parce qu'il comprit que si l'on venait à découvrir le nom du véritable pirate qui infestait la Méditerranée, quelque succès et quelque impunité qu'il obtînt d'abord, ce fait serait un obstacle invincible à l'accomplissement de ses projets.

Cependant il commença par établir dans Toulouse même un atelier où se fabriquaient déjà ces fausses monnaies étrangères auxquelles il mêlait un alliage assez élevé d'or et d'argent pour qu'elles échappassent à une appréciation même sévère ; mais il s'aperçut rapidement que son secret et celui de ses associés serait bientôt découvert dans une ville populeuse où chaque voisin aime à savoir assez exactement ce qui se fait dans la maison qui touche à la sienne.

Ce fut alors qu'il se décida à porter en Espagne cet établissement trop restreint, et qu'il chargea le comte de Frias, le bras droit de tous ses projets et qui, demeuré à Toulouse, le tenait au courant de toutes les choses qui l'intéressaient, de trouver un lieu convenable à leurs projets.

Le comte, largement muni d'argent et de valeurs pour acheter aux frontières de l'Espagne et de la France quelque maison isolée, quelque monument abandonné pour en faire le siége de cette entreprise, partit à cheval avec don José, et comme Giacomo l'avait chargé en même temps de remettre une forte somme d'argent à François Gali pour les soins qu'il prenait de son fils, il alla loger chez le baron de la Roque, qu'il avait eu l'occasion de rencontrer chez la princesse de Puzzano.

On se rappelle que le lendemain de ce jour, le baron annonça au fils encore enfant du comte de Frias que celui-ci était parti pour les Indes et lui avait laissé le soin de son éducation. Voici ce qui s'était passé.

A peine le comte de Frias, après avoir eu l'imprudence de montrer au baron de la Roque les sommes dont il était porteur, était-il rentré dans l'appartement qui lui avait été préparé, et comme il venait de se déshabiller et de se mettre au lit, qu'il entendit ouvrir sa porte ; et avant qu'il eût soupçonné qu'on pût vouloir l'attaquer, deux hommes s'élancèrent sur lui, et il reçut un coup de poignard qui, heureusement pour lui, glissa sur les côtes, mais dont la douleur lui fit perdre connaissance.

Lorsqu'il revint à lui, il était dans un lieu où régnait une obscurité absolue. Il se leva et en eut bientôt reconnu l'étendue. Il devina la vérité, il comprit que le baron de la Roque, après l'avoir frappé pour s'emparer de son trésor, l'avait transporté dans ce caveau pour faire disparaître la trace de son crime.

Sans doute le baron l'avait cru mort, ou avait-il jugé plus prudent d'achever son crime en le laissant mourir de faim dans ce souterrain, car il se trouva qu'il avait été enveloppé dans les draps et les couvertures de son lit, qui sans doute étaient ensanglantés, et plus de sang qu'il n'en avait perdu par une seule blessure eût été plus difficile à cacher.

Le comte de Frias, associé à la vie de Giacomo, s'était trouvé dans des circonstances assez difficiles pour avoir eu l'occasion d'exercer l'énergie de son caractère ; mais qu'espérer dans ce souterrain formé d'épaisses murailles, fermé d'une porte de pierre dont l'épaisseur devait étouffer les cris les plus violens ? Il fallait attendre la mort ou espérer de la curiosité ou du repentir du baron une visite où il pourrait le fléchir.

Plus de douze heures se passèrent pour le comte sans qu'il eût aucun espoir de sortir de cette horrible position, et dans ce souterrain humide et où nulle lumière ne pénétrait qui pût l'avertir de la durée du temps, ces douze heures durèrent pour lui comme des journées entières.

Cependant, accablé de fatigue, il se coucha par terre, et au bout de quelques momens il fut très étonné de sentir qu'un air plus frais et plus vif semblait s'échapper de fissures du sol. Il tâta avec ses mains et reconnut qu'il était sur une large dalle dont les bords mal joints avec le cadre de pierre qui la soutenait laissaient passer cet air.

Etait-ce un autre souterrain sans issue, était-ce l'orifice d'un de ces abîmes où les seigneurs féodaux ensevelissaient les traces de leurs crimes? c'est ce que Frias ne put savoir; mais c'était assez pour un homme dans une position aussi désespérée que celle du comte qu'un changement quelconque pour ne pas essayer d'y rencontrer son salut.

Au milieu de la dalle se trouvait un large anneau de fer qui servait à la lever. Il y passa un de ses draps, et à plusieurs fois il parvint à la soulever de son cadre, mais elle y retombait dès qu'il cessait son effort pour aller la déplacer.

Ce fut alors qu'avec une patience miraculeuse il plaça sur les joints de la dalle et de son cadre les moindres grains de sable qu'il put ramasser, pour qu'ils tombassent entre les bords de la dalle et du cadre au moment où il la soulevait, de manière à empêcher de s'y replacer aussi complètement.

Peu à peu, efforts à efforts, il put ainsi introduire dans cet intervalle des fragmens de pierre plus considérables, et il en était arrivé à pouvoir glisser les doigts sous la dalle, lorsqu'il sentit la force prête à lui manquer. Une défaillance générale le saisit, les premières atteintes de la faim se firent sentir, et une somnolence menaçante commença à s'emparer de lui.

Le comte, déjà blessé, affaibli par ses efforts, par le manque de nourriture, se dit que s'il se laissait aller à ce sommeil, au lieu d'en recevoir un repos réparateur, il ne ferait qu'y perdre le peu de forces qui lui restaient. Il se releva avec une énergie désespérée, et sentant qu'il était incapable d'efforts longs et patiens, il s'attacha le drap, passé dans l'anneau, autour du corps, il s'élança de toutes ses forces; la pierre se leva et se renversa de côté; mais le comte, qui n'avait pas prévu qu'elle dût céder si facilement, alla se heurter la tête à la muraille et tomba par terre tout étourdi.

S'évanouit-il tout-à-fait ou le sommeil qu'il avait combattu s'empara-t-il de lui pendant l'étourdissement où il fut plongé ? c'est ce dont il ne put jamais rendre compte ; mais lorsqu'une fois encore il reprit connaissance, il ne se rappelait absolument rien de ce qui s'était passé, si bien que s'étant levé et ayant marché au hasard dans l'obscurité, il rencontra l'ouverture laissée libre par la dalle et se sentit presque aussitôt suspendu en l'air dans un vaste trou circulaire par le drap dont il s'était entouré le corps, et qui restait attaché à l'anneau de fer de la dalle. Ce fut dans cette position dangereuse qu'il commença à se rappeler ce qui lui était arrivé et ce qu'il avait tenté pour son salut.

Ce salut eût été possible peut-être, car ses draps et ses couvertures, attachés au bout les uns des autres, eussent pu peut-être lui faire atteindre le fond de ce trou qui devait avoir une issue, puisqu'il entendait le murmure de l'eau qui courait au dessous de lui à une profondeur qui n'était pas très éloignée, et que lorsqu'il pouvait porter ses regards en bas, il apercevait une lueur qui ne pouvait provenir que d'une fissure qui donnait sans doute passage à la source dont il entendait le bruit.

Mais la force manquait au comte pour remonter à l'orifice de ce puits, et il ne lui restait d'autre chance que de mourir ainsi suspendu sur cet abîme ou de se dégager du drap qui le retenait et de s'y précipiter pour s'épargner ce supplice.

Dans cette horrible situation, le comte espéra que les dégradations successives du temps avaient peut-être amené dans les parois de ce puits des interstices auxquels il pourrait s'accrocher et s'en servir comme d'un escalier pour descendre.

Il se mit donc à se balancer pour arriver jusqu'au mur, et fut très étonné de se heurter presque aussitôt à ce qui lui parut être une barre de fer. Il recommença et la retrouva sans pouvoir la saisir, car il la touchait à la hauteur de ses pieds. En se donnant un nouvel élan, il lui sembla en trouver une pareille derrière lui à la hauteur de sa tête; il la saisit et il reconnut que c'était une barre de fer descendant circulairement le long de cet abîme. Il s'y accrocha, et trouvant qu'elle était encore fort éloignée du mur, il devina la vérité et reconnut que c'était la rampe d'un escalier qui devait descendre jusqu'au fond du précipice.

Cette disposition, qui peut sans doute étonner beaucoup nos lecteurs, était une chose assez commune dans les châteaux qui avaient servi de forteresses, pour que le comte s'expliquât sur le champ qu'il était sauvé. Voici à quoi tenaient ces constructions.

Les manoirs féodaux des seigneurs de ce pays, bâtis presque tous sur des hauteurs qui dominaient le pays environnant, recevaient de leur position une force presque inexpugnable à une époque où l'usage de l'artillerie était inconnu. Mais cette position les exposait à manquer d'eau, et lorsqu'ils étaient investis avec une persévérante vigilance, il fallait presque toujours qu'ils se rendissent.

C'était pour obvier à cet inconvénient que, lorsque la situation le permettait, on faisait ces immenses puits qui allaient aboutir à une source, et quelquefois, par des souterrains, à une rivière. Le château de Carcassonne possédait un de ces deux puits; les tours de Foix ont encore gardé les traces d'une construction pareille qui allait jusqu'au bord de l'Ariége, et le château de la Roque avait le sien, comme on voit.

Du reste, le secret de l'existence de ces constructions était un secret qui se transmettait comme un héritage, et il y a des exemples de serviteurs qui ont vécu dans de pareils châteaux pendant de longues années sans soupçonner l'existence de ces secrètes issues.

Depuis long-temps, et la date de cette histoire le dit suffisamment, une pareille ressource était devenue inutile au château, qui ne pouvait point avoir de siége à soutenir, et depuis plus de cinquante ans peut-être le souterrain qui menait à l'orifice de ce trou immense n'avait point été ouvert.

Le comte se dégagea du drap auquel il était encore attaché, et trouva l'escalier dans un état de conversation qui lui permit de descendre aisément. Il arriva ainsi près d'une espèce de bassin assez considérable où il put laver ses blessures et se rafraîchir.

Il commença alors ses explorations pour son salut, et découvrit une suite de cavernes naturelles qui le conduisirent enfin à l'endroit par où s'échappait la source qui alimentait ce bassin, et il reconnut cet endroit que nous avons dépeint dans un chapitre précédent, qui était connu sous le nom de la *Niche au Loup*, et qui passait pour inaccessible.

Le comte, qui était déjà venu dans le pays,

se rappela cette vieille anecdote du loup qu'on avait vu sur cette plate-forme, et il se dit que puisqu'il y avait paru, il avait dû trouver une autre entrée.

Le comte reprit ses recherches le cœur plein d'un espoir qui lui rendit ses forces, et il finit par découvrir un trou qui sortait sur le revers d'une colline tellement couverte de buis et de houx, tellement embarrassée de broussailles, qu'il jugea que ni hommes ni bêtes n'avaient dû y passer depuis longues années.

Frias, ainsi sauvé, s'alla cacher chez François Gali, et il apprit le conte que le baron avait répandu dans le pays de son prétendu départ pour les Indes et du soin qui lui avait été confié.

Rassuré du côté de son fils, il prit un de ces déguisemens dont Giacomo lui avait appris l'art de se revêtir; il regagna Toulouse et raconta au prince par quelle aventure il n'avait pu continuer son voyage.

Giacomo se fit redire plusieurs fois l'étendue et la disposition de ces nombreuses cavernes creusées par la nature, et finit par lui répondre :

— Ma foi, comte, voilà votre voyage achevé, et votre argent n'est point perdu, car nous avons trouvé ce que nous cherchions.

— Comptez-vous donc, lui dit M. de Frias, mettre dans votre confidence ce misérable la Roque?

— A aucun prix, lui répondit le prince : le baron a un défaut qui me le ferait repousser, eût-il cent fois plus de vices à vendre qu'il n'en a. Il est ivrogne, et il n'y a plus de sûreté pour un secret, quel qu'il soit, avec un homme dont la raison ne lui appartient pas.

D'ailleurs, ajouta-t-il, quelle meilleure sauvegarde de l'ignorance du maître du château pour cacher ce qui se fait pour ainsi dire chez lui, et s'il arrivait jamais à le découvrir, quel meilleur moyen pour le faire taire que de l'épouvanter de son crime?

Nous n'entrerons pas dans des détails plus circonstanciés pour apprendre à nos lecteurs par quelle patiente persévérance, par quels moyens extraordinaires Giacomo parvint à établir dans ces souterrains les ateliers de sa frauduleuse fabrication et les magasins de ses richesses.

Pour cela, il sut attirer souvent hors de son manoir le baron de la Roque, et ce fut en son absence et après avoir entraîné presque tous ses serviteurs dans une orgie, qu'il put explorer le château et reconnaître divers autres passages secrets qui arrivaient à ces souterrains et dont le baron ne soupçonnait pas l'existence.

Ceci explique cette surveillance incessante que les associés pouvaient exercer dans l'intérieur du château, et lorsque plus tard don José fut en âge de pouvoir garder un secret, son père trouva un moyen de se faire reconnaître par lui et s'assura ainsi près du baron de la Roque un surveillant de chaque moment.

Il ne nous reste plus qu'à expliquer par quel hasard d'Auterive se trouva mêlé à cette association et ce que devinrent les espérances ambitieuses que Giacomo avait nourries si long-temps. Ce sera le sujet d'un nouveau chapitre, après quoi nous arriverons au dénouement de tous ces intérêts si compliqués, et, comme on le voit, réunis cependant dans la main d'un seul homme.

Ceci explique cette surveillance incessante que les associés pouvaient exercer dans l'intérieur du château, et jusque là j'étais disposé à en agir de même ; mais, jun secret, me prouva un moyen de se faire reconnaître par lui et s'assura, sans plus de façon, de la Roque, un surveillant de chaque mènage.

Il ne nous reste plus qu'à expliquer par quel hasard d'Saterive se trouva mêlé à cette association et de jus devinrent les espérances attribuées que d'Estolfe avait nourries si long-temps. On s'en fait aisément une idée d'après l'appui qu'il a su artistement trouver, mais d'accord les intérêts et d'appliqué chacun en faveur d'alors dépendant dans la main d'un seul homme.

XXI

Lorsque Giacomo eut enfin trouvé une retraite favorable à l'accomplissement de ses projets, il commença à étendre ses relations avec les personnages les plus influens.

On conçoit aisément comment il put entraîner le duc de N..., son beau-frère, à se mêler à son association, comment il put y joindre la duchesse sa sœur, comment, armé par les relations qu'il avait avec une quantité de complices qui s'ignoraient tous les uns les autres, à l'exception de quelques uns, il avait pu profiter des secrets des uns, des passions des autres pour avoir beaucoup de gens dans son obéissance.

Ainsi tenait-il Barati par ses crimes, ainsi le baron de la Roque, ainsi tel autre dont nous n'avons pas à nous occuper.

Voilà aussi pourquoi, lorsqu'il avait été consulté par le jeune don José sur son amour pour Paula, avait-il poussé le jeune amant à tout oser; par ce moyen, il mettait sous sa puissance une femme qui, habitant le château de la Roque, pouvait devenir dangereuse pour lui.

Depuis long-temps déjà Giacomo s'était établi chez Gali, et sous le nom de Pastourel, comme berger, afin de pouvoir surveiller de près toutes les opérations auxquelles il se livrait, lorsque don José vint le consulter comme un habile sorcier.

En effet, à l'exception de Frias et de Gali, aucun des associés de la montagne ne le connaissait ni pour ce qu'il était véritablement ni pour la part qu'il avait dans leur entreprise.

Souvent il se rendait dans les cavernes où l'on travaillait, mais il avait affecté à ces visites un déguisement qui le rendait méconnaissable aux yeux de ceux qui pouvaient plus tard le rencontrer comme berger.

Donc, don José, poussé par certaines insinuations de son père, n'avait cru consulter qu'un sorcier de village, lorsqu'il était à son insu l'instrument d'un projet arrêté.

On sait ce qui en arriva, et déjà depuis deux ans la coupable Paula était baronne de la Roque, lorsque d'Auterive vint faire une visite au château de son oncle et parrain.

Paula était belle, d'un âge tellement disproportionné avec celui de son mari, que d'Auterive s'imagina qu'il serait facile de la détourner d'une fidélité qui lui devait être fort pénible.

Il essaya auprès de Paula d'une galanterie légère et entreprenante, et ce ne fut pas sans quelque étonnement qu'il se vit repoussé.

Au lieu de traduire cette résistance par une vertu incapable de faillir, il l'expliqua par une passion qui l'avait devancé; il observa, et soit qu'il y vît plus clair que le baron de la Roque, soit que l'impatience que don José avait ressentie des soins de d'Auterive pour Paula l'eût rendu moins prudent vis-à-vis de son rival, le jeune capitaine soupçonna bientôt l'amour de sa tante et du beau pupille du baron.

Quoique d'Auterive ne fût pas un méchant homme, il trouva fort mauvais qu'un autre eût obtenu ce qu'on lui refusait; il s'éprit d'une belle passion pour l'honneur de son parrain, qu'il eût très parfaitement compromis pour son propre compte, et il fit entendre fort clairement aux deux coupables qu'il se voulait faire le vengeur des griefs de M. le baron.

Le cas était grave, et don José, alarmé pour lui, pour ses associés, pour Paula, de la découverte de d'Auterive, fit part à son père des craintes qu'il éprouvait.

Mais Pastourel n'était-il point là? Pastourel, qui, par un concours bizarre de circonstances, tenait dans ses mains tous les secrets, et qui, même aux yeux de ses plus intimes confidens, paraissait se montrer comme un être doué de dons surnaturels? Pastourel ne fut pas plus tôt averti de cette circonstance, qui pouvait faire chasser du château l'amant de Paula, et l'espion de l'entreprise, qu'il fit tracer à don José par son père, le comte de Frias, la marche qu'il avait à suivre.

En conséquence du plan qui lui fut dicté, don José, feignant la plus grande alarme, sut donner à Paula un rendez-vous hors du château, de manière à ce que d'Auterive en fût informé et fût tenté de les suivre.

Cela arriva comme Pastourel l'avait prévu : d'Auterive suivit Paula par une soirée déjà sombre, et au moment où elle rejoignait don José, qui l'entraîna rapidement, et que d'Auterive s'apprêtait à les poursuivre, il fut saisi, lié, bâillonné et emporté à une distance assez considérable.

Là il se trouva en présence de cinq ou six personnes masquées qui l'interrogèrent ; il répondit comme un homme de courage, mais on le menaçait de la mort, et quand on lui laissa entrevoir qu'il pourrait racheter sa vie à certaines conditions, il ne se montra point rebelle aux propositions qu'on pourrait lui faire.

Dans cette circonstance, Pastourel, sous le déguisement qui le cachait aux yeux mêmes de ses associés, joua une de ces scènes par lesquelles il les épouvantait eux-mêmes, et leur faisait presque croire qu'il avait en main une puissance surnaturelle. Au moment où l'on allait expliquer à d'Auterive ce que l'on exigeait de lui, Pastourel prit la parole, et dit :

— Cet homme nous appartient depuis le jour de sa naissance, et son heure est venue d'être initié.

— Je n'appartiens qu'à moi, dit d'Auterive, et au service du roi mon maître.

— Ouvrez son habit, dit Pastourel, et voyez s'il ne porte point sur la poitrine une pièce d'or qui prouve qu'il est à nous.

On fit ce qu'ordonnait Pastourel, et on retrouva en effet la fameuse pièce d'or que Giacomo avait donnée plus de vingt ans avant à la nourrice de d'Auterive, et que celui-ci avait gardée par respect pour la foi superstitieuse que la nourrice y avait attachée.

— Lisez les paroles sacrées qui y sont inscrites, dit Pastourel.

Le comte de Frias, présent aussi à cette scène, lut avec un véritable étonnement les caractères arabes disant :

« Le silence est d'or et la parole est d'argent. »

D'Auterive demeura stupéfait pendant que Pastourel reprenait :

—Est-ce ainsi qu'on te les a enseignées, jeune homme ?

— C'est ainsi, reprit d'Auterive stupéfait.

—Et l'on a dû ajouter que lorsque tu entendrais prononcer ces paroles près de toi, la fortune serait à tes côtés ?

—Il est vrai, reprit encore le jeune capitaine.

—Laissez-le en liberté, reprit Pastourel; il est à nous : je l'ai prédestiné à une haute fortune; mais, comme nous tous, il doit signer de sa main l'acte de notre association, car il faut qu'il soit perdu ou sauvé avec nous.

D'Auterive, malgré la crainte qu'il éprouvait, et l'étonnement que lui inspirait cet homme qui lui rappelait une circonstance de sa vie depuis si long-temps oubliée, se refusa à signer avant de savoir à quoi il s'engageait.

—A te taire, lui dit Giacomo, et à servir de tout ton pouvoir celui qui te rappellera en quelque circonstance que tu te trouves la devise inscrite sur cette pièce.

D'Auterive insista pour savoir quels étaient les desseins dont il devait se faire ainsi l'esclave. Pastourel, ou Giacomo, lui expliqua sans détour qu'il avait affaire à une société de faux-monnayeurs, et ses associés trouvèrent que leur chef y mettait une étrange imprudence.

En effet, d'Auterive refusa de signer, et c'était obliger les associés à le faire disparaître pour leur sûreté, crime qui leur répugnait à tous. Mais alors Giacomo élevant la voix, reprit :

— Il signera, vous dis-je !

Et s'approchant de d'Auterive, il lui dit à voix basse :

— Fou que tu es, enfant dont j'avais voulu faire mon protégé de prédilection, est-ce bien à toi, que j'ai marqué dès ta naissance pour une fortune inespérée, de refuser de signer, lorsque tu as été sur le point de surprendre notre secret par une curiosité qui devait t'être défendue?

— Quelle curiosité? dit d'Auterive.

— Ne venais-tu pas surveiller ici les rendez-vous de la baronne de la Roque et de don José de Frias?

— Il me semble, répliqua d'Auterive, que l'honneur de mon oncle m'intéresse plus que personne.

— Et crois-tu, répliqua Giacomo en baissant encore la voix, que l'honneur du duc de N... n'intéresse qui que ce soit, et as-tu pensé, toi l'amant de Léonore de Puzzano, duchesse de N..., qu'on ne pourrait pas te punir comme tu veux punir ce don José ?

Cette révélation acheva de confondre d'Auterive.

— D'où savez-vous ?... murmura-t-il !

— Je sais tout, dit Giacomo... Signe... c'est plus que ta vie que tu sauves... c'est l'honneur d'une femme qui t'a confié sa vie.

D'Auterive signa, et les associés de Giacomo

qui ne possédaient de ses secrets que ce qu'il voulait bien leur laisser pénétrer, furent non moins étonnés que le jeune capitaine du pouvoir inconcevable que cet homme exerçait autour de lui.

Nos lecteurs savent maintenant comment d'Auterive se trouvait à la disposition des faux-monnayeurs dirigés par Giacomo ; ils savent comment ils purent exécuter cette scène nocturne où ils forcèrent le baron à obéir à leurs volontés, et où ils surent s'assurer le silence de Barati en lui faisant rappeler cette date et ce mot qui l'épouvantèrent si profondément.

Si maintenant on veut bien se souvenir que le danger que cette association courut d'être découverte fut conjuré par l'intervention de Pastourel, qui força le duc au silence et protégea à la fois Léonore, le baron de la Roque, d'Auterive, et tous ceux qui étaient compromis, on comprendra qu'il en avait le pouvoir.

On se souvient aussi que ce fut lui qui annonça l'incendie du château de la Roque, qu'il avait ordonné à Galidou, et nous devons dire pourquoi il détruisit lui-même l'existence d'une entreprise à laquelle il avait consacré toute sa vie.

D'une part, l'attention du parlement de Toulouse était trop éveillée pour qu'on n'ordonnât pas une perquisition dans le château de la Roque, et une fois un grand nombre de soldats amenés en ce lieu, il suffirait du moindre hasard pour les faire arriver aux souterrains qui recélaient les richesses de Giacomo. D'une autre part, ces richesses étaient suffisantes pour notre aventurier à l'heure où le danger se révéla, car il venait de voir s'anéantir les espérances qu'il avait nourries si long-temps, et à la réalisation desquelles il avait consacré tant de peine et de patience.

Ceci tient à des circonstances d'une nature tout à fait en dehors des données d'un roman, mais qu'il faut bien que nous mettions sous les yeux de nos lecteurs, puisqu'elles amenèrent ce que nous pourrions appeler le premier dénouement de l'histoire que nous avons entrepris de raconter.

Tout le monde sait à quel degré de faiblesse et de gêne était arrivée la France à la fin du règne de Louis XIV. La noblesse portant son argenterie à la monnaie pour subvenir aux besoins de l'état avait cru s'épargner par un généreux sacrifice le fameux impôt du dixième qui devait frapper sur tous les revenus. Louis XIV répugnait à l'établissement de cet impôt, qui attaquait les immunités des terres de la noblesse, quoiqu'il eût fait plus que Richelieu peut-être pour la soumettre à la puissance royale.

On cherchait de tous côtés et par tous les

moyens de l'argent; les emprunts étaient décrédités parce qu'ils manquaient de gage, de façon qu'on doit penser qu'un homme proposant une somme de près de vingt millions de livres à une simple condition, qu'il se réservait de faire connaître, devait être favorablement écouté.

Cet homme, ce fut le prince de Puzzano; il parut au moment où Villars, s'emparant rapidement de Spire, de Wors et de Landau, semblait vouloir rendre au vieux roi les succès éclatans de sa jeunesse; mais ces succès avaient épuisé les ressources de l'état, et malgré ses nouvelles victoires, la France, presque incapable de les poursuivre, devait en perdre le fruit.

La paix de Rastadt se négociait et changeait la distribution de l'Europe ; l'Autriche, au lieu de recevoir les indemnités qui lui avaient été offertes en Alsace, et qu'elle avait perdues par les retards et par les défaites du prince Eugène, demandait cependant Naples et la Sardaigne. Si la France eût été forte, c'eût été beaucoup plus qu'elle n'eût osé espérer ; mais nous en étions réduits à ce point qu'il nous fallait presque capituler après la victoire.

Le prince de Puzzano s'imagina que dans ce nouveau partage de l'Europe, la France aurait une voix prépondérante, et fit naître aux ministres de Louis XIV l'idée de demander la Sardaigne, s'offrant aussitôt qu'elle serait concédée à la France, de la lui racheter pour une somme de trente millions.

Louis XIV, qui ne se souciait point de la possession de cette île, accueillit cependant ce projet, et mit en avant cette prétention. Mais l'Angleterre, qui voulait avant tout l'humiliation du roi qui l'avait fait trembler, fit repousser cette demande. Ce n'est pas lorsqu'elle l'obligeait à la démolition du port de Dunkerque qu'elle lui eût concédé un point aussi important dans la Méditerranée; l'Angleterre eût-elle favorisé un ennemi dans cette occasion, lorsqu'elle frustrait les espérances de ses alliés?

Ainsi la Hollande, que le grand pensionnaire Hensius avait fait parler avec tant d'arrogance dans les conférences de Gertruidemberg, ne reçut aucun des avantages maritimes qu'elle avait espérés. L'Angleterre les garda pour elle ou les fit concéder à des puissances qui ne [pouvaient en profiter, et le royaume de Naples et la Sardaigne furent donnés à l'Autriche.

Le prince de Puzzano ne put obtenir pour prix de son offre que la promesse d'une réhabilitation et l'impunité du crime qui lui avait procuré ses immenses richesses, impunité qu'il paya d'un prix énorme.

Voilà quelles furent les explications qu'il donna au duc de N..., son beau-frère, et au baron de la Roque dans cet entretien secret qui suivit la scène où fut brûlé l'acte d'association des faux-monnayeurs.

Mais le prince de Puzzano, déçu d'une si haute espérance, ne voulut pas accepter, publiquement du moins, sa réhabilitation comme le prix de tant d'efforts et d'une vie consacrée à tant de travaux. Il avait d'ailleurs pensé que, pour une si faible satisfaction, c'eût été attirer sur lui des regards qui auraient pu découvrir la voie qu'il avait suivie pour arriver à son but. Sa réhabilitation, obtenue par l'intervention de la France, fut une affaire qui n'eut pas le moindre retentissement, et il n'en tira aucun profit que de faire reconnaître Galidou pour le fils du prince de Puzzano et de lui faire donner le titre de marquis de Veroni, qui lui appartenait en cette qualité.

L'un et l'autre disparurent alors du Languedoc, et ce ne fut que beaucoup plus tard qu'ils y revinrent l'un et l'autre pour se trouver en présence des mêmes individus avec qui ils avaient été en contact quinze ans avant. C'étaient encore d'Auterive, le baron de la Roque, Barati, Clémence, Galidou, la duchesse de N..., Paula, tous ceux que nous avons présentés à nos lecteurs, et dont nous achèverons l'histoire dans notre prochain volume.

FIN DE LA TROISIÈME PARTIE.

QUATRIÈME PARTIE.

I

Nos lecteurs se rappellent, nous l'espérons du moins, que nous avons entrepris le récit de la vie de celui qui ne leur était connu que sous le nom de Pastourel, au moment où le baron de la Roque venait d'exciter les soupçons de Bernard contre Charlotte. Ce jour-là aussi, on doit s'en souvenir, le comte d'Auterive, sa femme, un vieillard inconnu rencontré par Catherine, devaient se rendre à la ruine pour y consulter le solitaire Pastourel. Charlotte devait s'y rendre de son côté, accompagnée de don José, caché sous le nom de Vasconcellos, et le marquis de Veroni y avait été appelé par son père.

Dans tout cela, il s'agissait, en apparence, de décider le mariage du fils du duc de N... avec Charlotte de la Roque; mais plus d'un intérêt, plus d'une passion s'opposaient à ce mariage, et ce sont ces passions, ces intérêts qui amenèrent tous ces personnages en présence de celui en qui ils espéraient pour les faire triompher.

Par une singulière coïncidence, tous ceux qui avaient annoncé leur visite à Pastourel avaient choisi huit heures du soir. Charlotte seule devait s'y rendre dans la journée, et c'est elle que nous suivrons d'abord dans cette visite.

Il était à peine cinq heures lorsqu'elle quitta furtivement la maison de son père. José, ou Vasconcellos, l'attendait à quelque distance, et bientôt ils gagnèrent ensemble le chemin presque désert qui menait à la ruine. Mais Bernard n'avait point oublié les perfides insinuations du baron, et caché sous l'habit d'un paysan, il s'était posté aux environs du vieux château et avait bientôt aperçu Charlotte et Vasconcellos qui approchaient avec rapidité.

La figure soucieuse de Charlotte, la rapidité même de sa marche, annonçaient en elle une violente agitation; Vasconcellos lui parlait avec action et semblait la supplier avec une chaleur qui n'appartenait qu'à un homme poussé par une vive passion. Mademoiselle de la Roque semblait être dans une indécision causée par les prières de ce Vasconcellos, et, aux yeux d'un amant jaloux, ce sentiment ne pouvait guère se traduire que par un amour qui résistait encore, mais qui était bien près de céder.

Par une singulière contradiction qui se rencontre cependant assez souvent dans les esprits emportés, plus Bernard fut persuadé de la vérité de ses soupçons, et plus il se trouva de force pour résister à la tentation de punir immédiatement ceux qui se jouaient de lui d'une façon si impudente.

En effet, du moment que Bernard n'eut plus de doute, il voulut une vengeance certaine, et pour arriver à cette vengeance, il voulut des preuves. Il devint patient du moment qu'il n'eut plus d'incertitude.

Cependant Charlotte et Vasconcellos pénétrèrent dans les ruines et entrèrent chez Pastourel. Il prit un moment fantaisie à Bernard de les y suivre et de tâcher d'entendre ce qui allait se dire entre ces trois personnages, mais il savait par expérience que Pastourel avait près de lui une sentinelle qui ne laissait approcher personne sans avertir son maître, et que son chien Pied-Gris eût dénoncé son arrivée alors même qu'il ne l'eût pas empêchée. Aussi Bernard ne chercha-t-il point à pénétrer dans la ruine, mais il se plaça dans un buisson de manière à pouvoir entendre ce que diraient Charlotte et don José à leur retour, et il se réserva de les suivre furtivement ou de les arrêter quand ils repasseraient devant lui.

Nous qui ne sommes empêchés par aucune raison, nous les suivrons dans cette visite.

Lorsqu'ils entrèrent chez Pastourel, celui-ci les reçut comme il avait fait pour Bernard, plongé en apparence dans une lecture qui absorbait toute son attention et dont la venue de personne ne le devait déranger.

Ce que nous avons raconté de cet homme a dû prouver à nos lecteurs qu'il avait toujours posé sa vie et pour ainsi dire les personnes d'une façon théâtrale aux yeux de ceux qu'il voulait influencer, et quoiqu'il fût déjà bien loin de l'époque où il se plaisait à étonner tous ceux qui l'entouraient, il avait tellement contracté cette habitude qu'à son insu il conservait quelque chose du charlatan dans les occasions même qu'il regardait comme sérieuses, et celle-ci était du nombre.

En effet, il s'agissait pour lui de savoir s'il devait ou non consentir au mariage de Charlotte et de Bernard, son neveu.

Pour un homme comme Pastourel, la disproportion des rangs, l'inégalité de fortune n'étaient pas des raisons qui pussent le faire balancer, mais il avait promis à Léonore de veiller sur lui et d'assurer son bonheur, et il voulait juger Charlotte, qu'il ne connaissait guère que par le bruit public, qui en faisait un ange de vertu, et par ce que lui en disait Bernard, qui supportait trop impatiemment son propre amour pour qu'un secret instinct ne l'avertît pas qu'il y avait quelque vice caché sous ce brillant vernis d'innocence et de résignation.

Charlotte regarda d'abord avec curiosité l'endroit où elle se trouvait et chercha à se rattacher aux souvenirs de son enfance. Elle reconnut cette salle pour être celle où, dans son enfance, elle avait vu souvent les domestiques de son père se livrer à leurs jeux grossiers, et elle dit tout bas à don José :

— L'incendie n'a pas dévoré tous les odieux souvenirs de cette maison.

Pastourel l'entendit et l'examina pendant qu'elle jetait autour d'elle un regard dédaigneux. Ce premier examen ne fut pas favorable à Charlotte. C'était dans cette maison qu'elle était née, dans cette maison qu'elle avait reçu les caresses ardentes de sa mère, qni l'aimait avec cette passion et ce remords que les femmes ont toujours pour l'enfant d'une faute.

Cependant Charlotte semblait attendre avec impatience que Pastourel pût l'écouter, et il se plut à prolonger cette attente. Charlotte dit alors à don José :

— Cet homme ne veut-il pas nous écouter? Mon absence ne peut se prolonger trop longtemps.

Don José fit signe à Charlotte de se taire, mais Pastourel répondit aussitôt :

—Tu as tort, don José, de vouloir calmer

l'impatience de ta fille, cela m'annonce qu'elle est plus disposée que tu ne crois à céder à tes vœux.

A ces paroles, le visage de Charlotte prit aussitôt cette douce expression qui lui servait si bien à cacher aux yeux de tous la sécheresse de son âme, et elle répondit d'un ton confus :

— Le peu de mots que vous venez de prononcer, vieillard, sont si graves qu'ils laissent presque ma visite sans but, et que je sais déjà tout ce que je venais apprendre.

—Non, Charlotte, répondit Pastourel, vous ne savez pas ce qui fait ici le but de votre visite, et ce que je viens de vous dire ne vous a rien appris.

— Il est vrai que déjà... M. de Frias, dit Charlotte, m'avait raconté...

— Ne te mets pas en peine de me dire ce que t'a raconté Frias, jeune fille; je le sais. Il t'a dit, n'est-ce pas, ses amours avec ta mère? il t'a dit que tu n'étais pas l'héritière du baron de la Roque, et tes souvenirs d'enfant ne sont pas tellement effacés de ta mémoire que tu n'aies reconnu qu'il avait dit la vérité. Mais je vais t'expliquer pourquoi tu es venue. Ecoute-moi bien, car je te dirai de ton père ce qu'il ne peut pas te dire.

Lorsque ta mère, l'infortunée Paula, se fut retirée dans un couvent et te laissa aux mains du baron de la Roque, don José fit vœu de réparer envers l'enfant le malheur qu'il avait causé à la mère. Cette promesse, il ne put la remplir tout d'abord, car il quitta la France avec la persuasion d'avoir commis un meurtre.

Charlotte tressaillit et regarda don José avec étonnement.

— Ne regarde pas ainsi ton père, jeune fille ; ce meurtre lui avait été demandé par ta mère pour sauver son honneur et le tien aussi, et tu n'as pas le droit de le blâmer, lorsque celui qui devait en être la victime l'a pardonné.

— Il l'a pardonné? dit Charlotte, qui contenait à grand'peine la révolte que lui inspirait le ton péremptoire dont lui parlait Pastourel.

— Je lui ai pardonné, te dis-je, reprit Pastourel, car je sais, moi, pardonner à ceux qu'égarent les passions les plus violentes; je sais ce qu'il peut y avoir de faiblesse dans un cœur épris d'un véritable amour, mais aussi je suis sans pitié pour ceux qui n'ont au cœur qu'un froid égoïsme, qu'un calcul hypocrite qui dirige toutes leurs actions, et ceux-là, fussent-ils parvenus à revêtir la bassesse de leur âme de toutes les apparences de vertu, je les reconnais aisément et je ne leur fais pas grâce.

Pastourel prononça ces paroles en regardant Charlotte avec une expression si directe qu'elle pâlit et s'écria en s'adressant à don José:

— Vous qui vous dites mon père, m'avez-vous amenée ici pour me faire insulter ?

— Charlotte, s'écria don José, celui qui vous parle a été votre protecteur en mon absence; c'est lui qui a prévenu, par des moyens dont seul il est le maître, les mauvaises intentions du baron de la Roque : vous lui devez de la reconnaissance, vous lui devez du respect. Et d'ailleurs, pourquoi vous appliquer des paroles qui ne peuvent en aucune façon vous atteindre ?

— C'est parce qu'elle s'est reconnue, reprit Pastourel.

— Monseigneur ! dit don José avec impatience.

— Monseigneur ! reprit Charlotte d'un air stupéfait.

— Il a tenu sa parole, il ne t'a pas dit qui j'étais, et je l'en remercie; et pour lui prouver que je m'intéresse à son bonheur, je t'avertis que tu peux te retirer, Charlotte, car il ne m'appartient pas de détruire la dernière illusion du fils de celui qui fut jusqu'à la mort mon ami le plus fidèle et le plus dévoué.

— Vous êtes sévère, monseigneur, reprit don José, et je ne sais pourquoi ma fille a pu vous déplaire.

— Tu sais du moins pourquoi elle est venue me consulter. Il s'agit, n'est-ce pas? de son mariage avec Bernard, dont tu veux la détourner et auquel elle paraît tenir beaucoup. Tu juges Bernard comme je juge Charlotte, sans aveuglement et sans indulgence. C'est à ton sens un jeune homme emporté, brutal, capricieux, qui fera le malheur de ta fille, et tu en es si convaincu que depuis long-temps tu veux persuader à Charlotte de rompre. Mais malgré tes conseils elle s'est obstinée à encourager son prétendu, car c'est une chose à laquelle la fille du baron de la Roque ne devait pas prétendre, qu'une alliance avec la famille de N...

Charlotte, que le nom de monseigneur adressé à Pastourel avait rendue plus circonspecte, reprit avec une feinte humilité :

— C'est sans doute un grand honneur qu'une pareille alliance, mais c'est peut-être par des sentimens plus nobles que la vanité qu'elle me paraît précieuse.

— Tu sais que Bernard est pauvre, car l'immense fortune de sa mère a été dévorée par le duc?

— Je le sais, dit Charlotte.

—Tu sais aussi que si tu contractes ce mariage, don José ne pourra rien te donner des trésors immenses qu'il possède en Espagne, car toute sa fortune est constituée, grâce à mes soins, en terres qu'il ne peut aliéner?

—Je le sais, dit Charlotte.

—Tu sais aussi que si tu consens à le suivre, à fuir ce pays, à aller vivre avec lui en Espagne, tu pourras devenir la plus riche héritière de toute l'Espagne et aspirer à l'alliance des princes les plus puissans?

—Est-ce vrai? dit Charlotte, qui avait écouté Pastourel avec une sorte de curiosité inquiète et avide.

— Oui, c'est vrai, répliqua Pastourel, et maintenant que tu en es sûre, tu peux choisir ce dernier parti.

— Maintenant que je suis sûre, dit Charlotte d'un ton triste, que don José est mon père, maintenant que je sais que rien ne peut légitimement m'appartenir dans ce pays, ni le nom ni l'héritage du baron de la Roque, je subirai ma destinée, je suivrai mon père où il lui plaira de me conduire, et je lui promets, à lui que j'aime, le dévoûment, la reconnaissance et les soins par lesquels j'avais enfin essayé de fléchir celui dont je porte le nom.

— Oh! s'écria don José, viens, ma fille, viens, ma Charlotte, et soyez béni, monseigneur; qui avez enfin fixé ses irrésolutions et qui donnez à ma vie isolée une compagne, une amie, une fille.

— Va donc, lui dit Pastourel, et que Dieu te protége !

Charlotte et José sortirent de chez Pastourel, qui demeura plongé dans ses réflexions :

« Je suis aussi fou que lui, se dit-il : il croit à la bonté de cette fille et s'imagine qu'elle le suit parce qu'il trouve en elle la tendresse qu'il lui porte ; et moi, n'ai-je pas cru que je trouverais dans mon fils un cœur qui me comprendrait ? et malgré tout ce que j'ai trouvé en lui de sotte vanité, je le fais encore venir ce soir près de moi dans l'espoir de faire naître en lui un sentiment d'affection et de tendresse qui me console dans ma solitude. Hélas ! il est comme cette Charlotte, il calcule ce qu'il peut obtenir de mes richesses, et il n'est obéissant que par intérêt. Est-ce donc là le châtiment de ceux qui ont laissé leurs enfans à l'abandon ! »

Pastourel poursuivit le cours de ces tristes réflexions et pensa qu'il avait préservé Bernard d'un malheur irréparable en empêchant son mariage avec Charlotte.

Arrivé aux derniers jours de la vie, cet homme calculait que, malgré tous ses efforts, malgré la puissance extraordinaire, les richesses immenses qu'il avait à sa disposition et qu'il avait répandues autour de lui, il n'avait guère donné que l'infortune à tous ceux qu'il avait voulu protéger. Il cherchait dans ce sentiment la cause de son indulgence pour Galidou, et se disait souvent qu'il le trouvait tel qu'il l'avait laissé devenir ; mais au fond de tout cela c'était malgré lui l'indulgence paternelle qui parlait, et la preuve de cela, c'est la sévérité avec laquelle il avait jugé Charlotte.

Cependant, celle-ci et don José avaient quitté la ruine et regagnaient rapidement le torrent. Bernard s'était caché à l'endroit où il supposait qu'ils se sépareraient et où il devrait nécessairement arriver qu'ils s'arrêteraient un moment pour échanger leurs dernières paroles.

Il ne s'était pas trompé. A peine furent-ils à l'embranchement du chemin que celui qui n'était connu à Bernard que sous le nom de Vasconcellos dit rapidement :

— Ainsi, à minuit, n'est-ce pas, à la porte du jardin du baron ?

— J'y serai, dit Charlotte.

— J'aurai deux chevaux à quelques pas et nous gagnerons avant le jour la frontière d'Espagne.

—Oui, oui, répartit Charlotte; mais hâtons-nous.

—Et alors, reprit don José, tu ne craindras plus rien, Charlotte; alors tu seras sous ma protection, et ni le baron de la Roque ni Bernard n'auront le pouvoir de t'arracher à ma tendresse.

Don José embrassa sa fille et s'éloigna; Charlotte resta un instant immobile, et s'écria comme emportée par la pensée :

—Oui, oui, je te suivrai !

Bernard avait tout entendu. Il la laissa s'éloigner à son tour, et comme pour répondre à cette parole que venait de laisser échapper Charlotte, il murmura avec rage :

— Non, non, tu ne le suivras pas, Charlotte, car je le tuerai avant!

« Mais, pensa-t-il aussitôt, j'ai fait un serment au baron, j'ai promis de lui dire la vérité. Qu'il punisse Charlotte, c'est son droit : il ne me contestera pas celui de punir mon rival. »

Une heure après il avait repris ses habits et il se présentait chez le baron, qu'il trouva avec Charlotte, travaillant paisiblement à ses côtés.

Pendant ce temps Pastourel recevait les

visites que lui avait annoncées Catherine, et après y avoir fait assister nos lecteurs, nous leur dirons ce qui arriva de la résolution de Charlotte et de la découverte de Bernard.

II

Le soir était venu, et déjà la nuit commençait à être assez obscure pour qu'il fût difficile de distinguer dans l'ombre les objets ou les personnes, lorsque le comte d'Auterive arriva chez Pastourel.

Le comte n'était pas un homme à trembler devant un autre homme, et cependant il aborda le mystérieux personnage auquel il avait affaire, sous l'empire d'une terreur qu'il ne put entièrement maîtriser. Pastourel le devina, il en fut flatté, et ce fut lui qui adressa le premier la parole au comte d'Auterive, pendant que celui-ci l'examinait avec attention.

— Oui, lui dit Pastourel, je suis bien celui que vous cherchez, comte d'Auterive, celui qui est venu il y a quinze ans chez Vergnes vous arracher, vous et vos complices, au danger qui vous faisait tous trembler.

— Je vous reconnais parfaitement, dit le comte, et c'est vous qu'on nomme Pastourel.

— Vous m'avez fait demander un entretien ; dans quel but ?

— Vous passez pour un sorcier, maître Pastourel, reprit d'Auterive d'un ton qu'il voulut rendre moqueur, mais qui n'était que contraint ; vous devriez savoir ce qui m'amène ici.

La figure du vieillard se rembrunit, et il répartit d'un ton d'humeur :

— Je croyais parler à un homme grave, venant me parler d'une affaire grave ; mais s'il vous convient d'avoir affaire au sorcier, je vais vous dire pourquoi vous êtes venu ici.

En parlant ainsi, Pastourel prit une lampe qui brûlait à côté de lui et la plaça de manière à ce qu'elle éclairât le visage du comte, et il l'examina avec une attention extrême.

—Faut-il que je vous donne ma main, dit d'Auterive, pour que vous en consultiez les lignes?

— Le visage d'un homme, reprit Pastourel, est un livre ouvert où j'ai appris à lire depuis long-temps, et le tien m'apprend de tristes secrets.

Ce qui justifiait jusqu'à un certain point les paroles de Pastourel était le changement que des passions nouvelles, plutôt que l'âge avaient apporté dans les traits de d'Auterive. Ainsi, au lieu de cette expression insoucieuse et ouverte du jeune capitaine d'autrefois, on voyait sur le visage du comte une préoccupation où la pensée et le cœur n'entraient pour rien. C'était la préoccupation d'un homme qui calcule et non plus celle d'un esprit qui réfléchit ou d'un cœur qui rêve.

Le regard de Pastourel avait un tel éclat qu'il troubla le comte d'Auterive.

— Assez de charlatanisme comme cela, bonhomme, lui dit-il, je suis pressé.

— En ce cas, lui dit Pastourel d'un ton glacé, que me voulez-vous ?

La crainte que montrait le comte de dire le but de sa visite pouvait s'expliquer par le sentiment assez général qu'éprouve tout individu à venir raconter à un autre une chose dont il le croit instruit; mais dans cette circonstance il y avait de la part du comte un motif de précaution. Il ne voulait point s'aventurer à en dire plus qu'il ne fallait pour ses propres intérêts, et, d'un autre côté, il craignait de n'en point dire assez vis-à-vis d'un homme qui pouvait tout savoir et qui devait s'étonner de certaines réticences.

Mais déjà le mal qu'avait espéré éviter le comte d'Auterive était fait, et Pastourel avait deviné que le comte n'était point venu à lui avec des intentions droites et franches pour la mission dont il était chargé.

Pastourel, au lieu de répondre au comte, le contempla en silence, et, comme s'il eût été seul, comme si celui dont il parlait n'eût pas été devant lui, il se mit à dire tristement :

— Je l'ai pourtant connu jeune homme aventureux et fou, semant l'or, bravant les dangers, ayant en lui cette facile générosité qui séduit ceux-là mêmes qui la blâment, et le voilà devant moi, tout absorbé par la passion basse, sordide, honteuse.

— Assez de morale, bonhomme, finissons-en ! s'écria le comte.

— Et de quoi veux-tu en finir, comte d'Auterive? reprit Pastourel d'une voix hautaine. Moi-même j'ai trop peu de temps à te donner pour attendre que le mauvais dessein que tu as finisse enfin par s'échapper. Ainsi parle ou va-t-en. Que me veux-tu?

— J'ai promis de te venir voir, vieux sorcier, dit d'Auterive en essayant de rire, et celui qui m'envoie m'a trop bien averti de tes sottes prétentions à te faire croire un personnage important pour que je ne te pardonne pas la façon dont tu viens de me parler. Je suis ici de la part du duc de N...

— Eh bien, reprit Pastourel, que t'a dit le duc de N...?

D'Auterive, qui avait gardé un moment le silence dans l'espoir que Pastourel l'aiderait dans sa confidence, fut encore obligé de répondre :

— Il m'a chargé de vous parler du mariage du marquis de Velay, son fils, avec mademoiselle de la Roque.

— Le comte s'arrêta encore, mais Pastourel l'écoutait les yeux fixés sur lui, et répondit lentement :

— Parlez-en, monsieur le comte, je vous écoute.

— Vous savez maintenant quel est le but de ma visite ; j'attends vos avis.

— On vous a chargé de me parler du mariage de Bernard avec Charlotte, dit Pastourel. Je sais cela, vous venez de me le dire : mais pourquoi, dans quel but vous a-t-on envoyé à moi ?

— Il me semble, dit d'Auterive, que je viens de vous dire que j'attendais vos avis.

— Sur quoi ?

— Sur la convenance de permettre ou d'empêcher ce mariage.

— Et si je pense qu'il est impossible ? dit Pastourel.

— Il ne se fera pas, reprit vivement d'Auterive.

— Ah! fit Pastourel. Et si je jugeais, au contraire, qu'il est avantageux et nécessaire?

— Je ne puis le penser, fit d'Auterive.

— Ce n'est pas là la question, monsieur. Qu'arriverait-il en ce cas?

Le comte pinça les lèvres, et Pastourel lui dit avec une sorte de mépris :

— Monsieur le comte d'Auterive, M. le duc de N... vous a dit qu'il s'en rapportait à ma seule décision pour ce mariage ; vous avez dans votre poche une procuration pour y consentir si je le permets, pour vous y opposer si je le veux, et vous n'êtes pas venu ici me demander mes avis, mais mes ordres.

—Puisque vous étiez si bien informé, monsieur, reprit le comte, ce n'était pas la peine de me faire parler.

— C'est que moi je désirais avoir votre avis sur ce mariage.

— Il me semble qu'il ne m'intéresse en rien.

— Je suis un homme à qui l'on peut tout dire, reprit Pastourel, d'abord parce qu'il est difficile de me cacher quelque chose, ensuite parce qu'à l'âge où je suis arrivé, il est peu de passions que je ne comprenne et que je ne pardonne. Vous ne voulez pas que ce mariage se fasse.

— Et pourquoi cela, s'il vous plaît? reprit d'Auterive.

— Parce qu'il vous semble que le fils du duc de N... est bien près de se mésailler en épousant la fille du baron de la Roque.

— Est-il si extraordinaire que j'aie cette pensée? dit d'Auterive.

— D'autant moins extraordinaire, dit Pastourel, que vous n'êtes pas sans quelque soupçon que Charlotte n'est pas fille de M. de la Roque.

D'Auterive regarda Pastourel d'un œil curieux et dit tout bas :

—Le savez-vous aussi?

—Peut-être assez bien pour vous le prouver.

— Vraiment! dit d'Auterive en se penchant vers Pastourel.

— Oui, oui, reprit celui-ci, et voyez quelle admirable épée à deux tranchans vous feriez de cette preuve. Bernard n'épouserait point Charlotte, et le baron de la Roque, apprenant certainement que Charlotte n'est pas sa fille, la chasserait, la déshériterait, et vous, comte d'Auterive, neveu et filleul du baron, vous deviendriez l'héritier de tous ses biens. Ce serait assez bien joué, n'est-ce pas, monsieur le comte?

D'Auterive ne put contenir un violent mouvement de rage à cette accusation, et il jeta sur Pastourel un regard menaçant, en lui disant:

— Si vous saviez mieux à qui vous parlez, bonhomme, je vous ferais repentir de ce que vous venez de me dire, mais je vous pardonne vos insolentes suppositions.

— Assez de forfanteries, lui dit Pastourel. Tel est votre but.

— Et quand cela serait? dit d'Auterive ; ne serait-ce pas justice de chasser la fille illégitime de la place qu'elle usurpe ?

— Vous trouvez, monsieur? lui dit Pastourel ; et sa mère, qu'il faudra déshonorer !

— Elle portera le châtiment de sa faute; c'est encore justice.

A cette réponse, Pastourel se leva et se remettant à parler comme s'il eût été seul, il s'écria :

— O brave chevalier d'Auterive, qu'es-tu devenu? Où est ce galant qui voulait imposer silence à M. le duc de N... quand celui-ci le surprenait avec sa femme dans la maison de la Vergnes?

—Monsieur, taisez-vous! s'écria d'Auterive, et respectez la femme dont je ne sais qui a pu vous dire le secret.

— Et pourquoi voulez-vous que je cache les vôtres, à vous qui trouvez si bon de divulguer ceux des autres? Non, non, monsieur d'Auterive, la justice est la même pour tout le monde ; vous venez de proclamer deux grandes vérités : c'est que la fille illégitime ne doit point prendre là place du véritable héritier; c'est que la femme qui a commis une faute doit en être publiquement flagellée. Je suis de votre avis.... et....

A ce moment Pied-Gris murmura sourdement, et Pastourel s'arrêta ; puis il reprit :

— Et probablement voici quelqu'un qui sera de votre avis.

— Qui cela? dit d'Auterive.

—Passez là, derrière cette tapisserie, monsieur le comte, et vous allez voir combien vous avez raison de proclamer ces principes sévères de morale.

Par un mouvement de curiosité, d'Auterive obéit, et presque aussitôt sa femme entra. Elle paraissait tremblante, agitée, et elle dit aussitôt :

— Quelqu'un me suit ; j'ai peur. Prenez garde !

Pied-Gris se leva en grondant et se dirigea du côté de la porte.

— A bas ! lui cria Pastourel, à bas ! si c'est un ennemi, nous sommes en force pour le recevoir.

Il n'avait pas achevé cette parole qu'un nouveau venu poussa violemment la porte, entra avec rapidité et referma derrière lui. Cet homme était armé, et avant que madame d'Auterive eût pu s'écrier, Pastourel lui dit :

— Entre Barati, entre ! Il y a long-temps que j'attendais cette entrevue.

—Ah! vous n'avez pas oublié ce que je vous ai promis! lui dit Barati, qu'à son costume et à la pâleur livide de ses traits le prince reconnut pour cet étranger qui lui avait été annoncé par Catherine.

—Je n'oublie rien, Barati, lui répondit Giacomo, et je me rappelle que tu m'as promis de te venger des insultes que je t'ai faites. L'occasion est belle, et tu le peux.

— Que faites-vous ici, Clémence, dit Barati à sa fille, et qu'êtes-vous venue chercher près de cet homme?

— J'étais venue lui demander un conseil, mon père, répartit Clémence, et vous me voyez tout étonnée de vous trouver ici, lorsque moi et mon mari nous vous avons laissé à Paris.

— Sortez de ce repaire, ma fille, dit Barati; ce n'est pas votre place.

— Non, non, dit Pastourel, celui qui est entré ici n'en sort plus que lorsque je le lui permets. Cette porte ne se rouvrira que pour laisser entrer un homme que tu as oublié, Barati, mais que tu connais.

— Ne pense pas m'épouvanter avec tes jongleries et tes airs de prophète, dit l'ex-conseiller : nous nous connaissons l'un et l'autre.

— Sans doute, dit Pastourel, et tu sais ce que t'a coûté chacune de mes rencontres.

— Celle-ci sera la dernière, reprit Barati d'un air féroce. Sortez, Clémence, sortez!

—Je t'ai averti qu'elle ne le pouvait pas. Quant à toi, ne t'agite pas ainsi, vieux fou; tu n'aurais pas fait un geste pour m'attaquer, qu'à un signe de mes yeux, ce brave chien, qui est à mes pieds, t'aurait terrassé et étranglé comme un enfant.

Le vieux conseiller secoua la tête et répondit d'un ton grave :

—Ni ton audace, ni ton adresse, ni l'agilité et les dents de ton chien ne te sauveront. Celui qui est décidé à donner sa vie pour la vie de son ennemi est plus fort que tu ne crois.

— En ce cas, maître, tu vas faire une excellente affaire pour quelqu'un qui te touche de bien près, si tu as fait ce noble sacrifice. Oh! Je crois voir d'ici le sourire radieux de ton gendre, qui trouve que tu vis trop longtemps et qui compte déjà en imagination les trésors que tu vas lui laisser.

—Qu'il en soit ainsi, peu m'importe, dit Barati, et ces trésors, je voudrais les doubler s'il pouvait m'aider à te punir.

— Et je le crois capable de n'y pas manquer s'il pouvait t'entendre, dit Giacomo; mais le jeu lui coûterait trop cher.

— Qu'il y perde ou qu'il y gagne, dit Barati, tout ce que je puis te dire, ajouta-t-il en tirant un long pistolet de dessous son manteau, c'est que ton heure est venue, Giacomo.

— Mon père! s'écria Clémence en se jetant devant lui, voulez-vous commettre un assassinat?

— Epargnez-vous ces prières inutiles, dit Giacomo froidement; cet homme s'en soucie fort peu; cet homme n'est pas votre père.

— N'est pas mon père! s'écria Clémence.

— Non il n'est pas votre père, et demain, s'il me frappe, demain, la famille de Lostanges, qui a dans les mains les preuves de ce que j'avance, demain, cette famille chassera de l'héritage de cet homme, je ne dirai pas la fille illégitime, mais l'enfant acheté pour voler les biens de son beau-père, et la comtesse d'Auterive sera reconnue pour la fille du tisserand Vergnes.

— Mon père ! mon père ! s'écria Clémence, démentez-le donc !

— Il dit vrai, répartit Barati d'un ton de plus en plus sombre, mais périssent ta fortune et ton nom plutôt que ma vengeance ! Ecoute, prince de Puzzano, lorsque d'Auterive m'a dit qu'il venait dans ce pays pour le mariage de Bernard de Velay, et qu'il m'a raconté que le duc lui avait ordonné de s'en remettre à l'entière discrétion d'un solitaire inconnu caché dans cette ruine, je ne sais quel instinct de haine m'a averti que cet homme, c'était toi; car je ne t'ai pas oublié une heure, et si je ne préférais ta mort à ta ruine, tu verrais si j'ai tenu mon serment; j'ai donc pensé que je te trouverais ici. En effet, à quel autre qu'au frère de sa femme, à quel autre que celui qui a fait et défait sa fortune pouvait-il remettre une pareille décision ? Alors je suis venu et tu dois penser pourquoi j'ai entrepris ce voyage.

— Pour me tuer, dit en riant Giacomo; tu appelles cela une vengeance; je veux t'en enseigner une meilleure, je veux te montrer comment on se venge. Comte d'Auterive, reprit Pastourel à haute voix, paraissez !

D'Auterive obéit ; il semblait en proie à une vive agitation ; et Clémence, que la singularité de cette scène avait rendue muette, fut encore plus étonnée lorsqu'elle vit son mari paraître comme un fantôme à l'ordre de Pastourel. Barati aussi sembla épouvanté de cette apparition.

— Comte d'Auterive, dit aussitôt Pastourel, tu sais maintenant qui je suis et tu dois imaginer aisément ce que je peux. Or, écoute-moi bien :

Ta femme, tu viens de l'entendre, n'est pas

la fille de cet homme. Pour se venger de moi, il n'a pas hésité un moment, pour me tuer, à laisser s'accomplir la révélation de ce secret et à te priver par conséquent de toute la richesse qu'il a amassée par sa vénalité passée et son avarice présente. Voilà donc une fortune qui va t'échapper. D'un autre côté, il me suffit d'un mot et tu perdras l'héritage du baron de la Roque par le mariage de sa fille et de Bernard de Velay. Eh bien ! je t'assure l'héritage de Barati, l'héritage du baron, mais tu vas à l'instant désarmer ce misérable, le lier, l'entraîner, et dans huit jours il faudra qu'il soit enfermé dans une maison de fous, sur ton témoignage et celui de ta femme.

D'Auterive hésita, et Clémence, en qui le

secret qui venait de lui être révélé n'avait pu effacer l'habitude du respect et d'une certaine affection pour celui qu'elle croyait son père, s'écria :

— Vous ne ferez pas cela, monsieur le comte !

Barati se crut triomphant et leva son pistolet, mais ces armes étaient alors lentes et difficiles à armer, et le vieux conseiller n'avait pas mis la sienne en état que d'Auterive, profitant de cette démonstration pour couvrir son intervention d'un prétexte honorable, arracha le pistolet des mains de son beau-père et lui dit :

— Vous ne commettrez pas cet assassinat, monsieur !

Barati, désarmé, laissa échapper un cri de rage.

— Oh ! dit-il, vous vous tournez contre moi. Eh bien ! eh bien ! ce n'est pas lui qui dira la vérité à la famille Lostanges sur la naissance de cette femme, ce sera moi.

— Ce n'est pas possible ! s'écria Clémence.

— Prenez garde... reprit d'Auterive, d'un ton sombre.

— Je vous l'ai dit, comte, fit Pastourel, il

n'y a qu'un moyen de venir à bout de ce vieillard obstiné. Il faut qu'il ne sorte d'ici que pour être renfermé dans une maison de fous, sans cela, il vous perdra tous deux.

— Clémence, Clémence, s'écria Barati, si tu n'es pas ma fille, je t'ai toujours montré la tendresse, l'affection d'un père.

Madame d'Auterive était en proie à la plus violente anxiété, et il est probable que si elle eût été abandonnée à la seule inspiration de son cœur, elle se fût entremise pour sauver ce vieillard, sans calculer le danger qui pouvait en résulter pour sa fortune, mais Pastourel s'approcha d'elle et lui dit rapidement et à voix basse :

— Si la fille de Vergnes n'ose pas renier Barati, il faut que la maîtresse de Bernard de Velay le fasse.

Madame d'Auterive leva un regard éperdu sur Pastourel pendant que Barati s'écria :

— Clémence, tu diras, toi, quelle violence on m'a faite, ta parole suffira pour les confondre, à moins qu'ils ne te tuent. Tu es l'enfant de mon cœur, si ce n'est de mon sang.

Clémence hésitait encore, les yeux fixés sur Pastourel.

— Faut-il, dit celui-ci, que j'ordonne quand j'ai daigné conseiller?

— Clémence! reprit Barati en s'attachant à elle.

— Vous n'êtes pas mon père, s'écria Clémence en se dégageant.

Barati, comme frappé de la foudre, tomba sur un siége.

— Tenez comte, dit Pastourel à d'Auterive, voici la chaîne de mon chien, vous pouvez attacher votre beau-père.

Il y avait tant de mépris pour celui à qui il parlait dans l'accent de Pastourel, que d'Auterive se sentit enfin honteux du rôle qu'il jouait, et qu'il répondit avec un mouvement de fierté :

— J'ai voulu vous sauver la vie, monsieur, mais vous n'avez pas compté que je ferais l'infamie que vous me proposez.

— Oh! s'écria Barati en se relevant tout à coup avec une joie cruelle, tu t'es trompé une fois en ta vie, prince de Puzzano, et tu vas enfin payer tous tes crimes !

— Vous voyez bien que cet homme est fou, dit Pastourel à d'Auterive ; il vous appelle à son aide, et il oublie que si je meurs avant d'avoir supprimé les preuves de la naissance de votre femme, elle est déshéritée ainsi que vous. Il est fou, vous dis-je, sans cela j'aurais essayé de lui faire comprendre qu'il devait se taire.

— Misérable ! s'écria Barati exaspéré en s'élançant contre Giacomo.

L'abattement désespéré de Barati avait arrêté d'Auterive. En effet, c'eût été une chose si odieuse que de porter la main sur un vieillard anéanti et désolé, que le comte n'avait pas osé le faire ; mais la fureur nouvelle du vieillard fit disparaître cette crainte. D'Auterive s'élança sur Barati pour l'arrêter, une lutte s'établit, et lorsqu'elle fut finie, Barati était lié avec la chaîne du chien de Pastourel.

Celui-ci avait regardé tout cela, immobile et sans s'y mêler; mais si les cris de Barati et les efforts de la lutte n'eussent pas couvert sa voix, on l'eût entendu murmurer tout bas :

— Oh! lâcheté et faiblesse des hommes! Est-ce donc là une source inépuisable de pouvoir pour qui sait l'employer!

A peine Barati était-il réduit à l'impuissance d'agir, qu'un nouveau personnage parut à l'entrée de la salle.

FIN DU QUATRIÈME VOLUME.

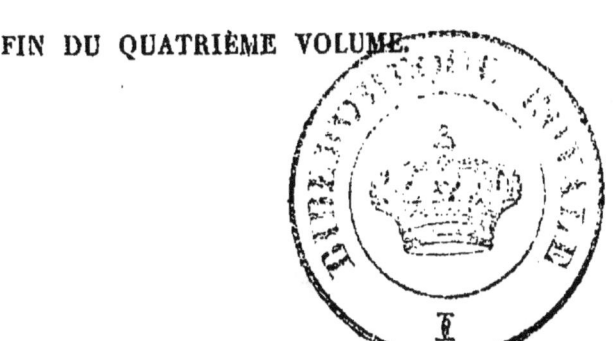

sous presse
CHEZ LES MÊMES ÉDITEURS,
POUR PARAITRE EN MAI.

UN COQUIN D'ONCLE

PAR M. FRÉDÉRIC THOMAS,

2 vol. in-8º. — 15 fr.

DEUX TRAHISONS

PAR AUGUSTE MAQUET.

Paris.—Imprimerie de Boulé et Cⁱᵉ, rue Coq-Héron, 3.

www.ingramcontent.com/pod-product-compliance
Lightning Source LLC
Chambersburg PA
CBHW060554170426
43201CB00009B/769